Mit dem Dalai Lama den Tag beschließen

HERDER spektrum

Band 5706

Das Buch

Was macht Sie persönlich glücklich? wurde der Dalai Lama gefragt. Die Antwort: „Gute Gesundheit, gutes Essen, gute Verdauung – und ein guter Schlaf." Vermutlich hat er laut und prustend gelacht, als er das verblüffte Gesicht seines Gegenübers sah: Loslassen, was bedrückend ist. Innerlich bereit sein zur Versöhnung. Die positiven Emotionen stärken – das kann man einüben: „Kultiviert man heilsame geistige Zustände vor dem Schlafen", so fasst der Dalai Lama in einem Gespräch mit westlichen Wissenschaftlern den praktischen Weg zusammen, der für den Alltag eines jeden Menschen wichtig ist, „so wird der Schlaf selber zu etwas Heilsamen." Innerlich zur Ruhe kommen, seelischen Frieden zu finden, die rechte Balance herzustellen – das ist Voraussetzung für einen guten Schlaf. Wer ausgeruht ist, hat auch einen klaren Kopf und ein ausgeglichenes Gemüt. Und der gute, heilsame Schlaf ist wiederum eine Voraussetzung, um den folgenden Tag gut zu bestehen:

Den Weg zu Ruhe und Gelassenheit finden. Jeden Abend gut beenden. Und jeden Morgen anders aufwachen. Dazu laden diese Texte ein.

Der Autor

Tenzin Gyatso, 14. Dalai Lama, geb. 1935, ist nicht nur der wohl bedeutendste Repräsentant des Buddhismus, sondern weltweit unumstritten einer der großen Repräsentanten der Weisheit. Träger des Friedensnobelpreises. Bei Herder zuletzt: Die Liebe – Quelle des Glücks.

Dalai Lama

Mit dem Dalai Lama den Tag beschließen

Herausgegeben von
Karin Lichtenauer

HERDER
FREIBURG · BASEL · WIEN

Gedruckt auf umweltfreundlichem,
chlorfrei gebleichtem Papier

Originalausgabe

www.herder.de
Satz: Dtp-Satzservice Peter Huber, Freiburg
Druck und Bindung:
Oldenbourg Taschenbuch GmbH, Kirchheim 2006
Umschlaggestaltung und Konzeption:
R·M·E München / Roland Eschlbeck, Julia Wolf
ISBN-13: 978-3-451-05706-9
ISBN-10: 3-451-05706-9

Inhalt

Vorwort

Von Karin Lichtenauer

„Eure Heiligkeit, was gehört für Sie persönlich zu einem glücklichen Leben?“, wurde der Dalai Lama in einem Interview gefragt. Die Antwort: „Gute Gesundheit, gutes Essen, gute Verdauung – und ein guter Schlaf.“

Vermutlich hat er laut und prustend gelacht, als er das verblüffte Gesicht seines Gegenübers sah. Überraschend ist die Antwort nicht. Denn das macht das Denken des Dalai Lama ja gerade aus: Er fragt immer wieder nach dem, was alle Menschen verbindet. Er sucht die Gemeinsamkeit.

Was verbindet die Menschen eigentlich? Auf der geistigen Ebene ist es ein Ziel: Leiden zu vermeiden und Glück zu finden. Auf der Ebene der Natur ist es die leibliche Verfasstheit: unser Leben im Rhythmus und im Fluss der Zeit, das Eingebundensein in einen natürlichen biologischen Ablauf, das uns zu einem Teil der Natur macht und auch mit anderen Lebewesen verbindet. „Es ist ein universeller Bestandteil der menschlichen Erfahrung“, konstatiert der Dalai Lama auf Nachfrage: „Wir alle schlafen.“

Der Schlaf, das ist für westliche Denker oft nur ein Zeitdieb, der uns die Hälfte unseres aktiven Lebens stiehlt. Für das tibetische Denken ist er eine wichtige Daseinsform, ein Geistesfaktor und ein ebenso tiefes philosophisches Problem wie der Tod. Und natürlich gibt es vom Dalai Lama tiefe Überlegungen zu den Ursachen und zum Sinn der verschiedenen Bewusstseinsstufen des Menschen in Traum, Schlaf und Tod. Zusammen mit westlichen Wissenschaftlern hat er sich solchen Fragen immer wieder auch im Dialog gestellt. Und immer wieder bringt er in diesem Dialog sein eigentliches Interesse auf den Punkt: Was haben diese Einsichten zu tun mit dem erklärten Ziel, um das es heute allen Menschen gehen muss: geistigen Fortschritt zu fördern und wirkliches menschliches Glück realisierbar zu machen?

„Kultiviert man heilsame geistige Zustände vor dem Schlafen", so fasst der Dalai Lama in einem Gespräch mit westlichen Wissenschaftlern den praktischen Weg zusammen, der für den Alltag eines jeden Menschen wichtig ist, „so wird der Schlaf selber zu etwas Heilsamen."

Innerlich zur Ruhe kommen, seelischen Frieden zu finden, die rechte Balance herzustellen – das ist Voraussetzung für einen guten Schlaf. Wer ausgeruht ist, hat auch einen klaren Kopf und ein ausgeglichenes Gemüt. Und der gute, heilsame Schlaf ist wiederum eine Voraussetzung, um den folgenden Tag gut zu bestehen.

Auch diese Einsicht ist allen Menschen gemeinsam. „Der Morgen ist klüger als der Abend", empfehlen Märchen ihren Märchenhelden und wollen damit sagen, dass sie erst einmal schlafen – und damit Abstand nehmen – sollen von den Sorgen und den Aufgaben, die sich ihnen stellen und die ihnen oftmals übergroß wenn nicht gar unlösbar erscheinen.

Vielen von uns geht es ähnlich: Wir können am Abend nicht zur Ruhe kommen, weil wir uns um vieles sorgen: um die Familie, die Gesundheit, um die Finanzen, die Arbeitsstelle. Sorgen erscheinen gerade am Abend, am Ende des Tages, übergroß und beunruhigend: Da bringen wir die gesammelten ungelösten Probleme von der Arbeit mit nach Hause, und dann kommen noch weitere auf uns zu: die von anderen Familienmitgliedern oder die, die mit der Post ins Haus flattern. Wenn uns so viel beunruhigt und bewegt, ist das keine gute Voraussetzung, um wirklich zur Ruhe zu kommen. Gerade, wenn wir den Tag beenden und ausklingen lassen wollen, trifft uns oft die geballte Ladung der Sorgen und Kümmernisse, die wir tagsüber vielleicht durch die Konzentration auf unsere Arbeit in den Hintergrund gedrängt haben und die nun verschärft wieder in den Vordergrund treten.

Eine Möglichkeit, die viele ausprobieren, ist, sich auf der körperlichen Ebene auszupowern: Fitness oder Joggen in der freien Natur.

Oder man kann sich ablenken, mit allen möglichen Medien – dann ist man aber vielleicht innerlich wieder erregt – weniger durch die eigenen Sorgen als durch das, was man gesehen, gelesen, gehört hat.

Oder man isst und trinkt mit Freunden – dann ist der Magen voll und der Kopf schwer.

Natürlich: all dies können auch gute Möglichkeiten sein, den Tag zu beschließen: Körperliche Bewegung tut an sich gut, sich auf etwas anderes einlassen, mit Freunden zusammen sein ebenfalls. Doch so richtig gelassen wird man dabei eher selten. Und Schlafforscher raten nicht umsonst eher davon ab, Körper und Seele am Abend zu sehr zu erregen.

Lässt man aber die Ruhe zu, dann stürmen die Probleme und Sorgen ein – das ist fast ähnlich wie in der Situation, in dem sich ein Meditierender befindet: auch er muss mit dem Ansturm von Gedanken umgehen – und wenn es gut geht, findet er zu der inneren Ruhe und Konzentration, die wir uns wünschen.

Es ist ein Paradox: Gerade die Ruhe fordert die Unruhe heraus. Und gerade am Abend sind wir dem ausgesetzt. Dies ist jedoch auch eine Chance. Wir können uns so in eine Haltung einüben, die innere Ruhe und heitere Gelassenheit ermöglicht: Eigenschaften, die wir gerne hätten und die in ganz besonderer Weise vom Dalai Lama verkörpert werden, der von sich selbst sagt, dass er – trotz aller schrecklichen Schicksalsschläge, die er erfahren musste – ein fröhlicher Mensch ist. Einer, der die heitere Gelassenheit ausstrahlt, die wir auch gerne hätten.

Solch heitere Gelassenheit zu erreichen ist einerseits einfach, andererseits schwierig. Denn sie setzt voraus, dass wir uns wirklich mit den Quellen unserer Unruhe und Unzufriedenheit auseinandersetzen.

Oft sind es negative Emotionen wie Ärger, Neid, Eifersucht, Wut, die am Tag ihre Wirkung in uns entfaltet haben, die den Blutdruck nach oben treiben oder uns in die Depression sinken lassen.

Oder es ist die Sehnsucht nach mehr Erfolg, Geld und Geltung, die uns nicht zur Ruhe kommen lassen.

Manchmal sind es einfach Gegebenheiten, die wir

nicht beeinflussen können wie Krankheit oder Arbeitslosigkeit, die unsere Seele besetzen.

Psychotherapeuten wissen, dass sich diese Zustände unseres Gemütes nicht einfach wegmachen lassen, dass man sie anschauen muss.

Ähnliches rät der Dalai Lama aus der Tradition des Buddhismus. Schaut man das, was einen umtreibt, einfach einmal an – ohne zu grübeln oder in Groll zu versinken – dann ist ein erster Schritt getan: Man gewinnt ein wenig Distanz, lässt sich nicht beherrschen von Sorgen und negativen Gedanken: Und so sagt er: „Warum uns Sorgen machen, wenn wir ein Problem lösen können? Und wenn wir die Situation akzeptieren müssen, wie sie ist – was für einen Sinn hat es sich aufzuregen? Das macht alles nur schlimmer." Es ist die Erkenntnis, die eigentlich alle religiösen Traditionen ins Bewusstsein heben: Eine moderne Fassung ist das berühmte „Gebet um Gelassenheit" von Friedrich Christoph Oetinger: „Gib mir die Gelassenheit, / Dinge hinzunehmen, / Die ich nicht ändern kann; / Gib mir den Mut, / Dinge zu ändern, / Die ich ändern kann, / Und gib mir die Weisheit, / Das eine vom anderen / Zu unterscheiden!"

Also darum geht es: Auszusteigen aus dem lähmenden Kreislauf der negativen Gefühle und zu unterscheiden: Was kann ich mit Aussicht auf Erfolg in die Hand nehmen und gestalten? Was ist einfach im Moment so nicht zu ändern? Nicht ein blauäugig-naives positives Denken ist das, sondern realistische Sicht auf die Welt und auf sich selbst und die eigenen Möglichkeiten. Ein solcher Blick, ein solcher Wechsel der Perspektive gibt die innere Ruhe, aus der die Kraft wächst, etwas zu ändern. Nur ein solcher Realismus führt zu einem größeren Selbstvertrauen und zu einer inneren Zufriedenheit, die sich nicht an Äußerlichkeiten festmacht: weder an materiellen Gütern noch an Lob und Ruhm. Der Abend, die Zeit, in der man aus der Tageshektik aussteigen kann, bietet die Chance, dies einzuüben.

Gesünder und mit einem ruhigeren Herzen lebt man, so der Dalai Lama, auch, wenn man sich anderen gegenüber gerecht und fair verhält, wenn man nicht nur Freunden hilft, sondern auch Menschen, die man nicht so gerne mag. Auch das ist eine universelle menschliche Einsicht. „Schlecht schläft der Unversöhnte", sagt Friedrich Nietzsche. Und der Volksmund nennt „ein gutes Gewissen – ein sanftes Ruhekissen". Der Dalai Lama rät, die negativen und destruktiven Emotionen loszulassen und weist darauf hin: Liebe und Altruismus sind die Quelle innerer Zufriedenheit und des Glücks – und damit Voraussetzung echter Seelenruhe.

Eine Erkenntnis, die der Dalai Lama nicht nur mit der Weisheit anderer Weltreligionen teilt, sondern auch mit den Erkenntnissen moderner Forschung, der Salutogenese, der Hirnforschung oder auch der Immunforschung liegt in dem Wert, den er der Dankbarkeit beimisst. Dankbarkeit – eine heute eher vergessene Haltung – ist für ihn Voraussetzung für ein glückliches Leben. Sie ist Wahrnehmung all dessen, was uns an einem Tag an Gutem begegnet ist. Es ist eine Art Bilanz, eine positive Sicht auf das, was man erlebt hat, die zur Haltung werden kann. Diese Haltung lässt sich gerade am Abend einüben – und führt automatisch zu einer größeren Gelassenheit und Ruhe, denn die beunruhigenden Vergleiche, die negativen Emotionen treten dabei in den Hintergrund.

Für einen guten Schlaf ist eine solche Einstimmung wichtig: Man sollte den Schlaf mit angenehmen Dingen verbinden, rät die Schlafforschung. Und das gilt gewiss nicht nur für den äußeren Rahmen, die Gestaltung des Schlafzimmers etwa, sondern auch für die innere Befindlichkeit, den Raum der Seele.

Neben der Dankbarkeit rät der Dalai Lama, dem Mitgefühl mit anderen Raum zu geben. Auch dies ist ein Absehen von sich selbst, von den eigenen, im Vergleich mit anderen doch immer auch relativen Problemen. Der Gewinn ist dabei kein materieller, aber ein wichtiger. Es ist eine Gelassenheit, die von innen her auf den ganzen Menschen wirkt.

Am Abend holt die Welt Atem. Und auch wir selbst brauchen dieses Einatmen und Ausatmen, um den Fluss des Lebens zu spüren, um uns mit ihm zu verbinden. Wir kommen zu uns selbst, indem wir uns lösen von den hektischen Aktivitäten des Tages. Wir werden gelassener, indem wir Sorgen loslassen und unser Herz weiten, wenn wir uns in der Übung des Mitgefühls mit anderen verbinden. Die Texte des Dalai Lama helfen dabei, sich in diese andere Perspektive des Lebens und der Lebensführung einzulassen.

„Süßer Schlaf, / du kommst wie reines Glück", dieses Wort Johann Wolfgang von Goethes erinnert an das eingangs zitierte Wort des Dalai Lama, der für sich selber Glück und Schlaf in eins setzte. So viel ist sicher: Ein gute Einstimmung in den Abend wird uns zu einem guten Schlaf verhelfen. Und nach einem guten Schlaf werden Leib und Seele erfrischt sein. Ob buddhistisch oder nicht: Wir werden uns fühlen „wie neu geboren“.

Öffne dein Herz

Unruheherde

Wir sind getrieben von Erwartungen und Befürchtungen. Es gibt so vieles in unserem Leben, das wir uns wünschen und worauf wir uns freuen. Gleichzeitig aber fürchten wir, dass es uns doch nicht zuteil oder vorenthalten wird, dass unerwartete Schwierigkeiten auftreten. Dieses ständige Wechselspiel von Erwartungen und Hoffnungen auf der einen Seite und Angst und Furcht auf der anderen Seite produziert in uns eine fortwährende Unruhe und Unausgeglichenheit des Geistes. Wie können wir diesen dauernden Streit beilegen? Der wichtigste Weg hierhin ist der Weg des menschlichen Mitgefühls. Mitgefühl verändert uns wirklich, denn es erlaubt uns, auf der wichtigsten Ebene unseres Daseins zu echter innerer Ausgeglichenheit zu kommen. Wir können uns das leicht klarmachen: Es gehört zur Grundbeschaffenheit des Menschen als eines „sozialen Wesens", dass er in Gemeinschaft mit anderen Menschen lebt. Darunter sind nun einige, die wir „Freunde" nennen. An sie richten wir oft hohe Erwartungen und sind enttäuscht oder verärgert, wenn sie diese Erwartungen nicht erfüllen. Und da sind andere Menschen, die wir „Feinde" oder „Widersacher" nennen, weil sie uns fortwährend Probleme schaffen. Auf sie blicken wir ständig mit Argwohn und Eifersucht. Sie sind ein ständiger Unruheherd für unseren Geist. Bei Freunden und Feinden gleichermaßen sind es unsere Bilder und Meinungen, die wir von ihnen haben.

Wenn wir diesen Menschen aber mit einer Einstellung des Mitgefühls begegnen, dann lassen wir uns auf sie ein. Dann ist es, als ob wir in unserem Herzen eine Tür zu unserem Inneren öffnen, die es uns erlaubt, wirklich mit diesen Menschen in Kontakt zu treten, sogar mit den Tieren. Wo uns dies gelingt, wird unser Argwohn erlöschen, und unsere Unsicherheit wird zurückgehen. Wir werden ausgeglichener und sind weniger unruhig.

Die innere Tür

Warum aber gelingt es uns so selten, diese innere Tür in unserem Herzen zu öffnen? Der Grund dafür liegt darin, dass wir zumeist um uns selbst kreisen und von egozentrischen Motiven getrieben werden. Die Fixierung auf das eigene Ich verschließt die innere Tür unseres Herzens. In der Folge verlieren wir die Fähigkeit, mit anderen zu kommunizieren. Wo wir diese Fähigkeit verlieren, wächst in uns die Unsicherheit und das Gefühl der Bedrohung. Frustration und Einsamkeit machen sich breit. Deswegen ist das Mitgefühl der Schlüssel für ein angstfreies Miteinander. Aus meiner eigenen bescheidenen Erfahrung weiß ich, dass es in einem Konflikt immer sinnvoll ist, den anderen anzublicken und sich zu sagen: „Sieh an, er ist wie du – ein menschliches Wesen, das nach Glück strebt, das seinem Leiden entgehen will, kurz: ein Mensch wie du selbst!“ Wenn wir dies aus einem echten Mitgefühl wirklich sagen können, dann ist es eine große Hilfe, um die inneren Barrieren zu überwinden, die Tür des Herzens zu öffnen und der Unruhe und Unzufriedenheit unseres Geistes zu begegnen. Außerdem gibt es innere Kraft und Selbstvertrauen. Und wo innere Kraft und Selbstvertrauen herrschen, da verschwinden Misstrauen, Furcht und Zweifel.

Leg die schweren Kleider ab

Einmal war ich besonders traurig über die Lage in Tibet, aber dann habe ich mich daran erinnert, dass ich die Bodhisattva-Gelübde abgelegt habe und dass ich täglich über Shantidevas Gebet reflektierte:

Solange der Raum besteht
Und solange es Lebewesen gibt,
Solange möchte auch ich dableiben,
Um all ihr Leiden lindern zu helfen.

Sobald ich mich daran erinnert hatte, verschwand sofort das ganze Gefühl der Last, als ob schwere, drückende Kleidung von mir abgenommen worden wäre. Die Verpflichtung zu Nächstenliebe und Uneigennützigkeit mindert einige Ursachen für Niedergeschlagenheit, indem sie diese Ursachen in einen größeren Zusammenhang stellt. Solche Ursachen für Niedergeschlagenheit sollten uns nicht entmutigen. Die meisten eigenen Schwierigkeiten, Sorgen und Trauer in diesem Leben entstammen der Selbstsucht. Kurzsichtige Eigennützigkeit, die sich nur an sofortiger Befriedigung orientiert, ist kontraproduktiv. Eine eingeengte Perspektive macht selbst ein kleines Problem unerträglich. Indem wir Interesse an allen fühlenden Wesen haben, weitet sich unser Blickfeld, und wir werden realistischer. Auf diese Weise hilft eine uneigennützige Einstellung dabei, unseren eigenen Schmerz schon jetzt zu lindern.

Grenzenloser Verdienst

Ich behaupte nicht, einen hohen Grad an Altruismus entwickelt zu haben, aber ich bin zuversichtlich, dass ich dazu in der Lage bin. Auch wenn Ihre Erfahrung von altruistischem Streben bescheiden ist, wird sie Ihnen dennoch zu einem gewissen Grad geistige Ruhe schenken. Interesse und Fürsorge für andere zu entwickeln, hat eine unermessliche Kraft, unseren Geist umzuwandeln. Wenn wir uns im Mitgefühl für alle Lebewesen üben, einschließlich der Tiere, dann wird uns der ebenso grenzenlose Verdienst zukommen.

Kleine Erfahrungen, große Wirkung

Uneigennützigkeit und Nächstenliebe ist eine Stimmung, aus der heraus wir uns entschließen, Hilfe anzubieten und solche Handlungen auszuführen, die anderen Glück verschaffen werden. Selbst eine kleine Erfahrung von Uneigennützigkeit und Nächstenliebe bringt sofort ein gewisses Maß an geistigem Frieden. Uneigennützigkeit und Nächstenliebe bilden das Herz von guten Handlungen, ebenso wie große Liebe und großes Mitgefühl. Ein wirklich uneigennütziger und nächstenliebender Mensch wird durch das Leiden jedes einzelnen Lebewesens ergriffen und wünscht sich, die Lebewesen zum Glück und zu den Ursachen des Glücks zu führen und sie vom Leiden und den Ursachen des Leidens zu befreien.

Alte Mechanismen

Sehr oft leben wir in der falschen Annahme, wir existierten von allem losgelöst und könnten alles erreichen, und verkennen dabei, wie sehr wir mit unserem Leben auf das Dasein, die Hilfe und Unterstützung anderer angewiesen sind. Dieser Sachverhalt trifft nicht nur auf uns Menschen zu, sondern gilt gleichermaßen für unsere Umwelt und andere Lebensformen, Pflanzen- und Tierarten; letzten Endes für alles um uns herum. Ein Großteil von Leiden und Problemen entsteht deshalb, weil wir nicht ausreichend die Hilfe und Fürsorge wertschätzen, die wir von der Welt um uns empfangen, und deshalb deren Wert und Bedeutsamkeit nicht genügend würdigen.

Wir mögen uns ganz auf unser persönliches und privates Glück und Wohlbefinden konzentrieren, womit wir uns auch indirekt begrenzen – wenn wir aber einmal begriffen haben, wie sehr unser persönliches individuelles Leben mit der uns umgebenden Welt verknüpft und verwoben ist, können wir unseren Horizont und Blickwinkel erweitern und ein tieferes Verständnis für unsere Wirklichkeit gewinnen. Damit sind wir auch eher in der Lage, ein harmonisches Leben zu führen, das sich aber nicht nur auf unseren eigenen privaten Kreis beschränkt, sondern auch andere mit einschließt.

Diese erweiterte Perspektive für die Welt und das Leben bringt automatisch einen verstärkten Sinn von Verpflichtung und Sorge für andere mit sich. Dabei ist diese ethische Haltung nicht als etwas Besonderes, Frommes oder Heiliges anzusehen, denn die eigene Zukunft hängt von dieser unserer Haltung anderen gegenüber ab. Diese Einstellung ist nicht nur (auf das eigene Leben bezogen) realistisch, sondern auch Grundlage für eine allgemeine Moral oder Ethik. Wir lügen, betrügen und verhalten uns in unserer Gemeinschaft nicht immer aufrichtig gegenüber anderen, von denen jedoch auch unsere eigene Zukunft abhängt. Durch Kurzsichtigkeit und Unwissenheit „geblendet“, manipulieren wir zugunsten kleiner kurzfristiger Vorteile genau jene Bedingungen und Grundlagen, auf denen unser zukünftiges Wohl ruht bzw. gebaut ist. Wenn wir diesen Mechanismus einmal durchschauen, führt die neu gewonnene Erkenntnis zu einer Haltung, die mehr von Mitgefühl und der Bereitschaft zur Mithilfe geprägt ist.

Der Irrtum

Als kleine Kinder sind wir vollständig auf die Güte und Freundlichkeit unserer Eltern angewiesen. Im Alter wiederum hängen wir von der Güte und Freundlichkeit anderer Menschen ab. Zwischen Kindheit und Alter glauben wir irrtümlicherweise, dass wir unabhängig seien. Das ist aber nicht der Fall.

Mitfühlender Fortschritt

Ohne Dankbarkeit und Wertschätzung für Güte und Freundlichkeit bricht unsere Gesellschaft zusammen. Die menschliche Gemeinschaft existiert, weil es unmöglich ist, in vollständiger Isolation zu leben. Von Natur aus sind wir voneinander abhängig, und da wir zusammenleben müssen, sollten wir dies mit einer positiven Haltung der Fürsorge füreinander tun. Das Ziel der menschlichen Gesellschaft muss der mitfühlende Fortschritt für alle sein, von einem Leben zum nächsten.

Nicht mehr so wichtig

Es ist menschlich, ein begründetes Gefühl von „Ich“ zu haben. Der Wunsch, Glück zu erreichen und Leiden zu vermeiden, folgt ganz natürlich aus diesem Gefühl. Das ist unser Geburtsrecht und braucht keine weitere Rechtfertigung. Alle anderen fühlenden Wesen möchten ebenso vom Leiden frei sein. Wenn Sie also das Recht dazu haben, das Leiden zu überwinden, dann haben die anderen fühlenden Wesen von Natur aus dasselbe Menschenrecht. Was ist dann der Unterschied zwischen Ihnen und den anderen? Wenn auch nicht vom Wesen her, so gibt es doch einen großen Unterschied in Bezug auf die Anzahl: Die anderen sind viel zahlreicher. Sie sind nur ein einzelner Mensch, die Anzahl der anderen fühlenden Wesen ist unbegrenzt.

Wer ist wichtiger, Sie oder die anderen? Ich bin nur ein einzelner buddhistischer Mönch, doch die anderen Menschen sind unendlich viele. Die Schlussfolgerung hieraus ist deutlich: Wenn allen anderen auch nur ein geringfügiges Leiden zustößt, dann ist das Ausmaß des Leidens grenzenlos. Wenn jedoch nur mir selbst etwas zustößt, dann ist das lediglich auf einen einzelnen Menschen begrenzt. Wenn wir die anderen auf diese Weise betrachten, dann ist man selbst nicht mehr so wichtig.

Dankbarkeit

Um Ihre Dankbarkeit gegenüber allen Menschen zu vertiefen, ist es hilfreich, wenn Sie über die unbeabsichtigte Güte und Freundlichkeit derjenigen Menschen nachdenken, die Waren und Dienstleistungen zur Verfügung stellen, ohne dabei unbedingt die Namen oder Gesichter von jenen zu kennen, die davon Gebrauch machen werden. Wir leben in Abhängigkeit von Menschen, die keine besondere Absicht haben, uns zu helfen.

Wenn wir uns Regen wünschen und es dann regnet, sind wir dankbar, obwohl der Regen keine Absicht hat, uns zu Hilfe zu eilen. Oder wenn wir uns ein erquickendes Wäldchen wünschen, um darin spazieren zu gehen, freuen wir uns darüber, wenn wir solch ein Wäldchen finden, und sind dankbar dafür, auch wenn die dort stehenden Bäume keine Absicht haben, uns von Nutzen zu sein. Auf ähnliche Weise versorgen uns andere Lebewesen mit allem, was wir für unser Leben brauchen. Andere Lebewesen helfen uns, ohne uns zu kennen. In diesem Leben gibt es so viele Einrichtungen und Annehmlichkeiten, an denen wir uns erfreuen, wie zum Beispiel schöne Gebäude, Straßen und so weiter, die von anderen gebaut worden sind. Wie Sie sehen können, gibt es in diesem Leben Abertausende von Menschen, mit denen Sie nie zusammengetroffen sind, die Ihnen aber Güte und Freundlichkeit entgegenbringen.

Der Schlüssel

Mitgefühl bedeutet ein waches Bewusstsein für die Bedürfnisse der anderen. Mitgefühl bedeutet eine größere Aufmerksamkeit für die Glücksuche der anderen. Mitgefühl bedeutet Achtsamkeit für das Leiden anderer und Bereitschaft, ihnen zu helfen, das Leiden zu überwinden. Mitgefühl ist das Wissen um die Verbundenheit mit den andern. Dieses Bewusstsein, diese Aufmerksamkeit, diese Achtsamkeit, dieser Sinn für den anderen, diese Nähe zum anderen – diese mitfühlende Einstellung ist etwas wirklich Kostbares. Denn sie verleiht uns tatsächlich jenen inneren Frieden, nach dem wir uns sehnen. Und nicht nur das: Es fördert auch unsere Gesundheit. Denn der innere Frieden wirkt sich auf unser körperliches Befinden aus. Das innere Gleichgewicht stabilisiert auch unsere körperlichen und organischen Funktionen; es verbessert das Immunsystem.

Das innere Gleichgewicht stabilisiert und verbessert aber auch unser Sozialsystem. Eine mitfühlende Grundhaltung bringt neue Freundschaften hervor – nicht nur mit Menschen, sondern auch mit Tieren. Das lässt sich auch aufs Große übertragen: Mitgefühl ist nicht nur der Schlüssel zur Freundschaft zwischen Individuen, es ist auch der Schlüssel zum Frieden zwischen Völkern und Nationen. Frieden in der Welt kann nur aus dem inneren Frieden der einzelnen Menschen entstehen. Ohne inneren Frieden des Einzelnen ist ein allgemeiner Frieden nicht zu haben. Deswegen kann kein Zweifel darüber bestehen, dass der Weltfrieden bei jedem Einzelnen beginnen muss.

Den Kreis der Liebe weiten

Wir alle, ob wir nun religiös orientiert sind oder nicht, können aufgrund unserer eigenen Erfahrung und unseres gesunden Menschenverstandes verstehen, dass Liebe und Zuneigung vom Tag der Geburt an wirklich wichtig sind und die Grundlage des Lebens bilden. Allein für sein Überleben ist unser Körper auf die Liebe und Zuneigung anderer angewiesen, was wir dann ebenso mit Liebe und Zuneigung beantworten. Obwohl mit Anhaftung vermischt, entsteht diese Liebe und Zuneigung nicht aus körperlicher oder sexueller Anziehung heraus. Und obwohl diese Art von Zuneigung nicht unvoreingenommen ist, kann sie erweitert werden, um schließlich alle Lebewesen zu umfassen, wodurch sie dann unvoreingenommen wird. So wird der Kreis der Liebe ausgeweitet.

Die Umstände

Ob wir später im Leben erfolgreich sind, hängt zu einem nicht unerheblichen Teil von der Atmosphäre und den Umständen ab, in denen wir aufwachsen. Kinder aus Familien, in denen liebevoll und fürsorglich miteinander umgegangen wird, sind die glücklicheren und später auch erfolgreicheren Menschen. Und umgekehrt kann das Leben eines Kindes durch Mangel an Liebe und Zuneigung zugrunde gerichtet werden.

Was ist die Quelle der Zuneigung und wie kann man sie entwickeln und verstärken? Solange es so etwas wie menschlichen Geist gibt, solange gibt es damit verbunden auch die Grundlage für Zuneigung und Mitgefühl der Menschen untereinander. Obwohl sich in der menschlichen Natur das Vorhandensein negativer und positiver Gefühle und Gedanken nicht leugnen lässt, so sind doch Liebe und Zuneigung die dominierenden und treibenden Kräfte im Menschen. Und somit ist der Samen für Mitgefühl als einem Wesensmerkmal menschlicher Natur jedem von Geburt an mitgegeben. Im Moment unserer Geburt sind wir noch völlig frei und unbeeinflusst von jeglichen politischen, sozialen und religiösen Ideologien, mit denen wir uns erst später auseinander setzen müssen; aber wir sind nicht frei in unserem Bedürfnis nach Liebe und Zuneigung. Ohne diese kann ein Neugeborenes oder Kleinkind nicht überleben.

Innere Kraft

Interesse und Achtung für andere und menschliche Zuneigung sind äußerst wichtige Faktoren für unser Glück. Mitgefühl gibt uns die innere Kraft, ein Gefühl von innerem Wert.

Wir sollten versuchen, gute und warmherzige Menschen zu werden, ob wir nun Polizist, religiös, Geschäftsmann oder was auch immer sein mögen. Auch das jeweilige einzelne Verhalten kann dazu beitragen, dass Familien und Gemeinschaften glücklicher werden.

Hirn und Herz

Ein gutes Herz ist im alltäglichen Leben in seiner Bedeutung und Wirksamkeit nicht zu unterschätzen. Wenn in einer Familie alle einander warmherzig begegnen, wird eine friedliche Atmosphäre geschaffen. Sobald jedoch ein Familienmitglied Zorn empfindet und dieser Empfindung nachgibt, wird die Stimmung im Haus sofort angespannt. Man verliert seinen Frieden und seine innere Ruhe; dagegen helfen auch alles gute Essen und all die netten technischen Geräte mit ihren Annehmlichkeiten nicht. Viele wichtige Angelegenheiten und ihre Regelung sind mehr auf den Geist als auf Technik angewiesen. Damit soll nicht gesagt sein, dass das Materielle und Dinge gänzlich unwichtig seien, gewiss, wir brauchen sie. Aber in diesen Zeiten müssen wir ein gut funktionierendes Hirn mit einem gütigen Herzen verbinden.

Quellen unseres Glücks

Liebe, Mitgefühl und ein aufrichtiges Interesse an anderen sind die wirklichen Quellen des Glücks. Wenn Sie diese drei – Liebe, Mitgefühl und ein aufrichtiges Interesse an anderen – im Überfluss haben, dann werden selbst die unangenehmsten Umstände Sie nicht stören können. Wenn Sie jedoch den Hass pflegen und kultivieren, dann werden Sie sogar in einem Luxusleben nicht glücklich sein können. Wenn wir also wirklich Glück erreichen wollen, dann müssen wir den Einflussbereich unserer Liebe erweitern. Das ist sowohl religiöses Denken als auch einfacher gesunder Menschenverstand.

Klug und weise

Kluge und weise Menschen denken an andere, helfen anderen, so gut es geht, und das Ergebnis ist Glück. Liebe und Mitgefühl sind sowohl für Sie selbst als auch für die anderen von Nutzen. Durch Güte und Freundlichkeit den anderen gegenüber werden Sie Ihren Geist und Ihr Herz für den Frieden öffnen können.

Im Fluss des Lebens

Zeitenwechsel

Wenn die Tage länger und die Sonne intensiver werden, wächst junges, frisches Gras und wir fühlen uns glücklich. Dagegen verwelken im Herbst die Blätter und eines nach dem anderen fällt zu Boden. Wir sind traurig darüber. Warum? Weil wir tief in unserem menschlichen Wesen das Aufbauen, das Aufblühen und nicht die Zerstörung und den Zerfall bevorzugen.

Lebensgeister

Am Anfang unseres Lebens steht die Geburt, bei der wir leiden, und am Ende unseres Lebens steht der Tod, bei dem wir ebenso leiden. Zwischen diesen beiden stehen Alter und Krankheit. Wie reich und wie gesund wir auch sein mögen, wir haben keine andere Wahl, als diese Lebenssituationen zu durchleiden.

Zu allem hinzu kommt noch die Unzufriedenheit. Wir wollen mehr und mehr und mehr. Das ist, in gewisser Weise, wirkliche Armut – immerzu hungrig und hungrig und hungrig zu sein, ohne ein bisschen Zeit zur Zufriedenheit. Andere mögen nicht reich sein, aber die Zufriedenheit stattet sie mit weniger Sorgen, weniger Feinden, weniger Problemen und sehr gutem Schlaf aus. Nicht nur einmal habe ich, als ich die eindrucksvollen Häuser reicher Leute besuchte, einen heimlichen Blick in den Medizinschrank im Badezimmer geworfen und darin Medizin gefunden, die entweder Energie am Tag spenden oder zu Schlaf in der Nacht verhelfen soll. Zufriedenheit könnte diese beiden Aufgaben besser erfüllen, da sie Angst und Sorge am Tag verringert, was dann den Weg für einen sanften Schlaf ebnet.

Einstellungssache

Sehen wir uns noch einmal das körperliche Leiden an: Wenn wir Schmerzen spüren, können wir diese Schmerzen nicht einfach beseitigen. Wir können aber diese Situation akzeptieren und „Ja" zu ihr sagen. Vielleicht können wir sie sogar als etwas Wertvolles betrachten, das im Zusammenhang unseres Lebens Sinn macht. Wenn wir auf diese Weise freiwillig unser körperliches Leiden auf uns nehmen, kann dies dazu führen, dass unsere innere Kraft gestärkt wird. Auch daran wird der große Einfluss unserer inneren Haltung auf unsere gesamte Lebendigkeit erkennbar.

Wenn man sich diesen Umstand klargemacht hat, dann dürfte es nicht schwer sein zu erkennen, dass es guten Grund zur Hoffnung gibt – zu der Hoffnung, dass wir wenigstens all die Schwierigkeiten und Leiden überwinden können, die von unserer geistigen Einstellung abhängig sind. Aber mehr noch: Auch die körperlichen Probleme können weniger werden, wenn wir eine positive geistige Einstellung gewinnen. Deswegen lohnt es sich, darüber nachzudenken, wie eine solche positive geistige Grundhaltung aussehen kann – und welche Mittel und Wege es gibt, um eine solche Einstellung zu erzeugen.

Ausnahmslos

Welcher von zehn kranken Menschen wünscht sich kein Glück? Natürlich keiner. Sie alle möchten von ihren Leiden befreit werden. Innerhalb der Übung in Uneigennützigkeit und Nächstenliebe gibt es keinen Grund für eine Ausnahme und keinen Grund, einen einzelnen Menschen besser zu behandeln und andere zu vernachlässigen. Allein auf dieser Welt gibt es mehr als sechs Milliarden Menschen, die, genau wie Sie selbst, Leiden vermeiden und Glück erlangen möchten.

Erinnern Sie sich daran, dass, von Ihrem eigenen Standpunkt aus betrachtet, alle fühlenden Wesen Ihnen im Verlauf vergangener Leben geholfen haben und Ihnen auch in zukünftigen Leben wieder helfen werden. Somit gibt es keinen Grund, einige besser und andere schlechter zu behandeln.

So ist die Natur

Von Zeit zu Zeit müssen wir einen Arzt aufsuchen, auch wenn wir es gar nicht wollen. Ist der Ausdruck auf dem Gesicht des Arztes wie gefroren, leblos und ohne jedes Lächeln, fühlen wir uns eher unwohl in unserer Haut. Zeigt der Arzt jedoch echtes Interesse an unserem Gesundheitszustand und auch ein gewisses Mitgefühl, fühlen wir uns schon ein wenig mehr angenommen.

Im späteren Alter müssen wir uns wiederum auf die Zuneigung und sorgende Mithilfe anderer verlassen können. So ist die Natur des Menschen konstituiert. Da der Mensch ein soziales Wesen ist, ist er für sein Überleben auf andere angewiesen.

Geben und Nehmen

In der buddhistischen Praxis kann man sein persönliches Leid zur Stärkung des Mitgefühls einsetzen, und zwar durch *Tong-len.* Das ist eine Mahayana-Visualisationstechnik, bei der man den Schmerz und das Leid eines anderen im Geiste auf sich nimmt und ihm im Gegenzug das eigene Potenzial, Gesundheit, Glück und Weiteres zukommen lässt … Wenn man diese Technik in Phasen von Krankheit, Schmerz oder Leid durchführt, kann man die Situation nutzen, indem man denkt: „Möge mein Leid stellvertretend für das aller anderen fühlenden Wesen stehen. Möge ich durch diese Erfahrung fähig sein, alle anderen Wesen zu retten, die vielleicht ähnliches Leid durchmachen müssen." So nutzt man sein eigenes Leid für die Übung, das Leid anderer auf sich zu nehmen.

Hier muss ich noch eines verdeutlichen. Sind Sie beispielsweise erkrankt, dann können Sie diese Technik mit dem Gedanken üben: „Mögen durch meine Krankheit andere Lebewesen von vergleichbaren Beschwerden befreit werden." Dabei sollten Sie visualisieren, dass Sie einerseits die Krankheit und das Leid des anderen annehmen und ihnen andererseits Ihre gute Gesundheit übergeben. Das heißt jedoch nicht, dass Sie Ihre eigene Gesundheit ignorieren oder vernachlässigen sollten. Natürlich sind alle notwendigen vorbeugenden Maßnahmen zu ergreifen, etwa die der richtigen Ernährung. Sollten Sie dennoch erkranken, ist es wichtig, die erforderlichen Arzneimittel sowie alle anderen konventionellen Heilmethoden anzuwenden.

Allerdings können sich Praktiken wie *Tong-len* ganz entschieden darauf auswirken, wie Sie mental auf die Krankheitssituation *reagieren*. Anstatt über Ihre Lage zu klagen, sich selbst zu bemitleiden und von Angst und Sorgen überwältigt zu werden, können Sie sich durch die richtige geistige Einstellung vielmehr zusätzlichen geistigen Schmerz ersparen. Die Übung von *Tong-len* (Geben und Nehmen) wird zwar nicht immer den körperlichen Schmerz mildern oder gar eine physische Heilung bewirken, aber Sie können sich dadurch vor unnötigen zusätzlichen geistigen Schmerzen, Leiden und Ängsten schützen, zum Beispiel durch den Gedanken: „Möge ich durch das Erfahren dieser Schmerzen und Leiden fähig sein, anderen Menschen zu helfen, und sie davor bewahren, das Gleiche durchleben zu müssen."

Dann wird Ihr Leid eine neue Bedeutung erhalten, denn es dient als Grundlage für eine religiöse oder spirituelle Praktik. Bei manchen, die diese Technik anwenden, kommt es sogar vor, dass ihre Leidenserfahrung sie nicht betrübt oder sorgenvoll stimmt, sondern ihnen vielmehr als eine Art Privileg erscheint, als günstige Gelegenheit; und sie können sich darüber freuen, dass diese spezielle Erfahrung sie bereichert.

Erholung

Hilft man Menschen, die sehr leiden, und spürt dabei, dass man selbst erschöpft und kraftlos wird, sollte man sich zum Wohle aller für eine Zeit lang zurückziehen und erholen, denn wichtiger ist, dass man auf lange Sicht eine sinnvolle und nützliche Hilfe leisten kann und nicht nur für einen kurzen, begrenzten Moment.

Durch die innere Tür

Ich erachte eine mitfühlende und gutherzige Person als gesund. Wenn Sie Mitgefühl und liebende Güte pflegen, öffnet sich automatisch Ihre innere Tür. Dadurch können Sie viel leichter mit anderen Leuten kommunizieren. Und das Gefühl der Wärme schafft eine Art Offenheit. Sie werden feststellen, dass alle menschlichen Wesen genauso sind wie Sie; so werden Sie fähig sein, sich mit ihnen auf einfachere Weise zu verbinden. Das beschwört einen Geist der Freundschaft herauf, und es gibt weniger Anlass dazu, Dinge zu verbergen. Infolgedessen zerstreuen sich automatisch Gefühle der Furcht, des Selbstzweifels und der Unsicherheit. Zudem wird es in anderen ein Gefühl des Vertrauens erzeugen.

Sonst könnte man eine sehr kompetente Person finden und zwar wissen, dass man ihrer Kompetenz vertrauen kann, aber spüren, dass diese Person keine Güte besitzt und dass man etwas vor ihr verbergen muss. Man denkt: „Oh, ich weiß, dass diese Person vieles vollbringen kann, aber kann ich ihr wirklich trauen?" So wird man immer eine bestimmte Angst beibehalten, die eine Art Distanz den anderen gegenüber hervorruft.

Wie dem auch sei, ich glaube, das Kultivieren von positiven Geisteszuständen wie Güte und Mitgefühl führt unweigerlich zu einer besseren geistigen Gesundheit und zu Glück.

Kreislauf des Daseins

Es liegt in der Natur des Daseinskreislaufes, dass das, was sich zusammengefunden hat, schließlich wieder auseinandergehen wird – Eltern, Kinder, Brüder, Schwestern und Freunde. Es spielt keine Rolle, wie sehr sich Freunde lieben, am Ende werden sie sich trennen müssen. Lehrer und Schüler, Eltern und Kinder, Brüder und Schwestern, Ehemänner und Ehefrauen, und Freunde – gleichgültig wer sie sind – müssen schließlich auseinandergehen.

Als mein erster Privatlehrer, Ling Rinpoche, noch gesund war, war es für mich beinahe unmöglich und unerträglich, über seinen Tod nachzudenken. Für mich war er immer wie ein fester Felsen, auf den ich mich verlassen konnte. Ich fragte mich, wie ich ohne ihn überleben könnte. Aber nachdem er einen Schlaganfall erlitt, worauf ein zweiter und sehr gefährlicher Schlaganfall folgte, erlaubte mir die Situation schließlich, dass ein Teil meines Geistes dachte: „Jetzt wäre es besser für ihn zu gehen.“ Manchmal denke ich sogar, dass er diese Krankheit absichtlich auf sich genommen hat, so dass ich, als er tatsächlich starb, vorbereitet war, die nächste Aufgabe zu meistern – seine Reinkarnation zu suchen.

Wir müssen uns nicht nur von unseren Freunden trennen – auch unser Reichtum und unsere Ressourcen – egal wie wunderbar diese auch sein mögen – werden schließlich unbrauchbar. Wie hoch auch Ihr sozialer Status oder Ihre Position sein mag, Sie werden schließlich fallen müssen. Um mich selbst genau daran zu erinnern, wenn ich einen hohen Thron besteige, von dem aus ich lehre, rezitiere ich für mich in dem Moment, wo ich mich hinsetze, die Worte aus dem *Sutra des Diamantenschleifers* über die Vergänglichkeit:

Betrachte die Dinge,
die aus Ursachen zusammengesetzt sind,
Wie einen funkelnden Stern,
wie ein Phantasieprodukt,
das man aufgrund einer Augenkrankheit sieht,
Wie das flackernde Licht einer Butterlampe,
wie eine magische Täuschung,
Wie Tau, Seifenblasen, Träume,
Blitze oder Wolken.

Ich denke dabei über die Zerbrechlichkeit von verursachten Phänomenen nach und schnipse dann mit meinen Fingern: Der kurze Ton symbolisiert die Vergänglichkeit. So erinnere ich mich daran, dass ich bald von dem hohen Thron wieder herabsteigen werde.

Verlust-Erfahrungen

Ich selbst habe meinen über alles verehrten Lehrer, meine Mutter und auch einen meiner Brüder verloren. Als sie starben, fühlte ich mich natürlich sehr, sehr traurig. Später dachte ich ständig daran, dass es ja keinen Zweck hat, zu viel zu trauern. Wenn ich diese Menschen wirklich liebte, musste ich ihre Wünsche mit einem ruhigen Geist erfüllen. Daher versuchte ich mein Bestes, eben das zu tun. Ich halte das für die richtige Herangehensweise, wenn wir jemanden, der uns sehr lieb war, verloren haben. Der beste Weg, das Andenken an diesen Menschen zu bewahren, ist nämlich der Versuch, seine Wünsche zu erfüllen. Anfangs sind Kummer- und Angstzustände die natürliche menschliche Reaktion auf einen solchen Verlust. Aber wenn wir solchen Verlust- und Trauergefühlen endlos nachhängen, wird es gefährlich. Halten wir diese Gefühle nicht unter Kontrolle, können sie zu einer Art Egozentrik führen – einer Situation, in der man sich nur noch auf das eigene Selbst konzentriert. Dann wird man von der Verlustempfindung überwältigt und hat das Gefühl, der Einzige zu sein, der so etwas erleidet. Depression setzt ein. In Wirklichkeit gibt es noch viele andere, die die gleiche Art Erfahrung durchmachen. Wenn wir daher merken, dass wir uns allzu sehr sorgen, mag es hilfreich sein, an die anderen zu denken, die ähnliche oder sogar noch schlimmere Tragödien durchzustehen haben. Hat man das einmal erkannt, fühlt man sich nicht mehr so isoliert, als wäre man als Einziger herausgepickt worden. Das mag einen gewissen Trost vermitteln.

Das Leben als Ganzes

Jedenfalls wirkt sich die Art, wie wir das Leben als Ganzes wahrnehmen, auch auf unsere Einstellung zum Leid aus. Wenn unsere grundlegende Auffassung beispielsweise die ist, dass Leid negativ sei und um jeden Preis vermieden werden müsse, ja sogar in gewisser Hinsicht ein Zeichen des Scheiterns sei, dann wird dies zusätzlich eine psychologische Komponente der Angst und Intoleranz erzeugen, sobald wir auf schwierige Umstände treffen – ein Gefühl der Hilflosigkeit.

Wenn wir durch unsere Grundeinstellung akzeptieren, dass Leid ein natürlicher Bestandteil unserer Existenz ist, werden wir zweifellos viel toleranter gegenüber den Widrigkeiten des Lebens sein. Und ohne einen gewissen Grad an Toleranz dem Leid gegenüber wird unser Leben unglücklich. Als hätte man eine schlimme Nacht, die ewig währt und niemals zu enden scheint.

Über die Vergänglichkeit

Manchmal vermeiden sogar Patienten, die an tödlichen Krankheiten wie zum Beispiel Krebs leiden, die Worte „sterben" oder „Tod". Es ist dann unmöglich für mich, mit ihnen über ihren baldigen Tod zu sprechen. Sie sträuben sich dagegen, etwas davon zu hören. Aber für jemanden, der noch nicht einmal dem Wort „Tod" ins Auge sehen kann, von seiner Wirklichkeit ganz zu schweigen, wird dann das tatsächliche Eintreffen des Todes wahrscheinlich großes Unbehagen und Angst mit sich bringen. Wenn ich auf der anderen Seite einen Praktizierenden treffe, der sich geübt hat und der dem Tod nahe steht, zögere ich nicht zu sagen: „Ob Du nun stirbst oder Dich wieder erholen wirst, Du musst Dich auf beides vorbereiten." Es ist für uns beide möglich, über das nahe Bevorstehen des Todes nachzudenken. Es gibt keine Notwendigkeit, irgend etwas zu verbergen, da dieser Mensch vorbereitet ist, dem Tod ohne Bedauern zu begegnen. Ein Übender, der oder die schon früh über die Vergänglichkeit nachdenkt, ist viel mutiger und glücklicher beim Sterben. Das Nachdenken über die Ungewissheit des Todes bringt einen friedvollen, disziplinierten und heilsamen Geist hervor, da er sich mit mehr befasst als nur mit den Oberflächlichkeiten dieses kurzen Lebens.

Angenehmes und Unangenehmes

Glück und Leid, die wir auf der körperlichen Ebene erfahren, entstehen primär durch unsere Sinneseindrücke. Geistiges Glück und Leid hingegen werden maßgeblich von unserem Denken und unserer grundsätzlichen Einstellung zum Leben beeinflusst. Auf der körperlichen Ebene sind wir mit unseren Sinnen der jeweiligen Situation ausgeliefert. Wir können an dem, was auf uns einwirkt, nicht viel verändern. Wenn uns Schmerzen zugefügt werden, erleben wir Schmerzen – ob wir wollen oder nicht. Auf der geistigen Ebene jedoch ist es anders. Hier können wir dieselbe Situation, je nach unserer geistigen Einstellung, auf unterschiedliche, ja gegensätzliche Weise wahrnehmen. So kann uns dieselbe Situation angenehm oder unangenehm oder gleichgültig erscheinen – je nachdem, mit welcher Grundhaltung wir ihr gegenüber treten. Auf der geistigen Ebene kann man also den Einfluss des Denkens und der Einstellung in Bezug auf Glück und Leid gar nicht hoch genug veranschlagen.

Altern akzeptieren

Um das Leben sinnvoll werden zu lassen, ist es entscheidend Altern und Tod als Bestandteil unseres Lebens zu akzeptieren. Hat man das Gefühl, der Tod sei so gut wie unmöglich, so bringt das nur mehr Gier und mehr Schwierigkeiten hervor – manchmal sogar absichtlichen Schaden für andere. Wenn wir sehr genau anschauen, wie angeblich große Persönlichkeiten wie Kaiser, Könige, und so weiter, gewaltige Wohnsitze und Mauern gebaut haben, dann sehen wir, dass sie tief in ihrem Geist davon überzeugt waren, immer am Leben zu bleiben. Aus diesem Selbstbetrug ergeben sich für viele Menschen nur mehr Leiden und mehr Schwierigkeiten.

Geist und Körper

Vergleichen wir Glück und Leiden auf der körperlichen Ebene mit dem Glück und Leiden auf der geistigen Ebene: Wir alle kennen Situationen, in denen wir uns geistig so wohl fühlen, dass wir unter den gleichzeitig auftretenden körperlichen Problemen überhaupt nicht leiden. Man kann sagen, dass in solchen Zuständen das geistige Glück unsere körperlichen Leiden überstrahlt. Wie aber, wenn wir uns körperlich sehr wohl fühlen, dabei aber im Geiste bedrückt, niedergeschlagen und mutlos sind? In solchen Fällen bleibt unser leibliches Wohlbefinden ohnmächtig. Auch die angenehmsten körperlichen Empfindungen vermögen unser geistiges Leiden nicht zu lindern. Daraus können wir erkennen, dass die geistige Ebene unseres Lebens seiner leiblichen Ebene vorgeordnet ist.

Geistiger und emotionaler Kummer können ganz natürlich auftreten, doch häufig macht gerade unsere Verstärkung dieser negativen Emotionen alles noch viel schlimmer. Empfinden wir zum Beispiel gegen jemanden Hass oder Ärger, ist es, wenn wir uns nicht weiter mit diesem Gefühl befassen, unwahrscheinlich, dass es sich intensiviert. Denken wir jedoch ständig über die uns zugefügten Ungerechtigkeiten nach, nähren wir natürlich den Hass. Erst dadurch wird der Hass machtvoll und heftig. Das Gleiche gilt, wenn wir Zuneigung zu einem Menschen verspüren: Wir können sie durch den Gedanken verstärken, wie gut sie oder er aussieht – und in dem Maße, wie wir in den auf jenen Menschen projizierten Qualitäten schwelgen, wird die Anhaftung an ihn immer stärker.

Das zeigt nur, wie wir selbst durch konstante Gewöhnung und Gedanken an unsere Emotionen diese immer mehr intensivieren können. Oft tragen wir auch durch Überempfindlichkeit zu unserem Schmerz und Leid bei, etwa durch Überreaktionen auf Kleinigkeiten und manchmal dadurch, dass wir die Dinge zu persönlich nehmen. Wir neigen dazu, Nebensächlichkeiten überzubewerten und aufzublähen. Andererseits bleiben wir oft gleichgültig gegenüber den wirklich wichtigen Dingen – nämlich jenen, die tief greifende Auswirkungen auf unser Leben und langfristige Konsequenzen haben. Ob jemand leidet, hängt daher in hohem Maße davon ab, wie er auf eine bestimmte Situation *reagiert.*

Angenommen, Sie finden heraus, dass jemand hinter Ihrem Rücken schlecht über Sie spricht. Wenn Sie sich aufgrund dieses Wissens, aufgrund dieser negativen Haltung Ihnen gegenüber, verletzt fühlen und verärgert reagieren, zerstören *Sie selbst* Ihren eigenen geistigen Frieden. Ihr Schmerz ist Ihre eigene, persönliche Schöpfung. Verzichten Sie darauf, auf negative Weise zu reagieren, und ließen Sie die Verleumdung wie eine sanfte Brise an Ihrem Ohr vorbeiziehen, würden Sie sich selbst von diesem Gefühl der Verletzung, diesem Gefühl der Qual schützen. Obwohl man also schwierige Situationen nicht immer vermeiden kann, lässt sich doch durch die Entscheidung, wie man auf sie reagiert, das Ausmaß des Leidens einschränken.

Ein hilfreicher Blick

Über die Wirklichkeit nachzudenken ist auch für diejenigen, die nicht an zukünftige Leben glauben fruchtbar, nützlich und erkenntnisreich. Menschen, ihr Geist und alle von Ursachen abhängige Phänomene verändern sich von Moment zu Moment. Und dies öffnet die Möglichkeit zur positiven Entwicklung. Wenn sich die Dinge und Situationen nicht verändern würden, behielten sie für immer die Natur des Leidens bei. Sobald Sie sich bewusst sind, dass sich die Dinge immer ändern, auch wenn Sie gerade eine schwierige Zeit durchmachen, dann können Sie Trost und Erleichterung in dem Wissen finden, dass die Situation nicht immer so bleiben wird. Dann gibt es keinen Grund frustriert zu sein.

Doch das Glück ist nicht dauerhaft. Folglich ist zu viel Anhaftung, wenn die Dinge gut laufen, nutzlos. Der Glaube an die Beständigkeit treibt uns in den Ruin: Selbst wenn Sie glauben, dass es zukünftige Leben gibt, sind Sie völlig mit der Gegenwart beschäftigt, und die Zukunft hat wenig Bedeutung. Wenn Ihr Leben jedoch mit der Freiheit, Muße und Möglichkeiten ausgestattet ist, sich mit produktiven Handlungen zu befassen, zerstören Sie sich mit dieser Haltung eine gute Gelegenheit. Ein Blick auf die Vergänglichkeit kann sehr hilfreich sein.

Im Fluss der Zeit

Die Zeit hält nicht inne noch wartet sie, sondern fließt ungehindert dahin. Dementsprechend schreitet auch unser Leben immer weiter voran. Wenn etwas im Leben misslingt oder uns ein Unglück widerfährt, können wir uns nicht umwenden, die Zeit anhalten und von neuem beginnen. So gesehen gibt es keine echte zweite Chance oder Gelegenheit.

Nur ein Moment

Wir können zwar die „Gegenwart“ weiter einengen auf die Stunde, die Minute, die Sekunde, den Bruchteil einer Sekunde – doch schon hört dieser Teil auf, die „Gegenwart“ zu sein. Es ist nur dieser eine Moment. Die Vergangenheit ist vorbei, die Zukunft steht danach noch aus. Es gibt nicht die gesonderte Gegenwart, aber ohne die Vorstellung von Gegenwart können wir „Vergangenheit“ und „Zukunft“ nicht für uns als solche identifizieren. Zeit vergeht und geht weiter ohne Unterlass, sie schreitet immer weiter voran.

Keine Zeit

In unseren inneren konkreten Erfahrungen gibt es, so glaube ich, keine Vergangenheit und keine Zukunft – nur die Gegenwart oder Gegenwärtiges. Aber wenn es weder Vergangenheit noch Zukunft gibt, kann es auch keine Gegenwart geben, da die Gegenwart ausschließlich auf der Vergangenheit beruht und die Zukunft auf der Gegenwart. Dies ist ein Naturgesetz. Anderweitig kann es keine Zeit geben. Wenn wir „Zeit" sagen, dann existiert natürlich Zeit, aber eben nicht ohne unsere gedankliche Zuordnung oder Bestimmung, auf deren Grundlage wir ihr dann eine Bezeichnung geben. Zeit kann keinen abstrakten Sinn für uns haben.

Kein Bedauern

Tod bedeutet Leiden und ist zweifellos etwas, das wir uns nicht wünschen. Aber wenn wir lernen, wie wir dem Tod entgegentreten können, werden wir durch diese Vorbereitung gewiss nicht viel leiden müssen. Inwieweit wir in der Lage sind, dem Tod gelassen und ohne große Sorge zu begegnen, hängt zu einem großen Teil davon ab, wie wir unser tägliches Leben führen. Wenn wir in unserem Leben unseren Geist kontrollieren lernen, wird für uns innere Ruhe zu etwas Selbstverständlichem; so dass, wenn der Tod dann tatsächlich zu uns kommt, wir nicht besorgt sein müssen, sondern dem Ereignis furchtlos und gefasst entgegengehen können. Haben wir unser Leben insgesamt positiv und sinnvoll gelebt, können wir im Moment des Todes beruhigt sagen: „Im Verlauf meines Lebens habe ich viel Sinnvolles getan und bewirkt, und obwohl ich noch ein wenig in dieser Welt verweilen möchte, muss ich rückblickend nichts bedauern, wenn ich sie jetzt verlassen muss."

Nutze die Zeit

Wenn ich manchmal alte Freunde treffe, wird mir bewusst, wie schnell die Zeit verstreicht. Und ich frage mich, ob wir unsere Zeit richtig nutzen. Es ist wirklich wichtig, unsere Zeit nicht zu vergeuden. Solange wir im Besitz dieses Körpers und speziell dieses erstaunlichen Menschenhirns sind, halte ich jede Minute für kostbar. Unser tägliches Leben ist von Hoffnung erfüllt, obgleich wir bezüglich der Zukunft keine Gewissheit haben können. Es gibt keine Garantie dafür, morgen um dieselbe Zeit noch am Leben zu sein. Dennoch arbeiten wir, allein auf diese Hoffnung gestützt, weiter. Deshalb sollten wir unsere Zeit sinnvoll nutzen, was meines Erachtens Folgendes bedeutet: So weit wie möglich sollten wir anderen Menschen und Lebewesen dienen. Wer dazu nicht in der Lage ist, sollte zumindest davon Abstand nehmen, anderen zu schaden. Dies halte ich für die vollständige Grundlage meiner Philosophie.

Lassen Sie uns über das wahrhaft Wertvolle im Leben nachdenken. Was verleiht unserer Existenz Bedeutung? Worauf sollten wir unsere Prioritäten gründen? Der Sinn und Zweck des Lebens muss etwas Positives in sich ragen. Wir wurden nicht dazu geboren, anderen zu schaden und ihnen Probleme zu bereiten. Um unserer Existenz einen Wert zu verleihen, müssen wir gute menschliche Qualitäten entfalten: Herzenswärme, Güte und Mitgefühl. Dann wird unser Leben sinnvoll, friedvoller und glücklicher.

Lerne
dich selber verstehen

Mehr Gewahrsein

Eine bessere Selbstbewusstheit oder eine bessere Selbsterkenntnis zu haben bedeutet, ein besseres Verständnis der Realität zu gewinnen. Das Gegenteil davon ist, auf sich selbst Eigenschaften zu projizieren, die gar nicht vorhanden sind, sich selbst andere Eigenschaften zuzuschreiben als die, die man tatsächlich hat. Ein Beispiel: Wenn Sie durch übermäßigen Stolz oder Arroganz eine verzerrte Meinung von sich selbst haben, dann haben Sie eine übersteigerte Auffassung von Ihren Qualitäten und persönlichen Fähigkeiten. Sie schätzen Ihre Fähigkeiten weit höher ein, als sie tatsächlich sind. Haben Sie andererseits eine geringe Selbstachtung, dann unterschätzen Sie Ihre Qualitäten und Fähigkeiten. Sie machen sich selbst klein, setzen sich herab. Das führt dazu, dass Sie das Vertrauen in sich selbst vollkommen verlieren. Jedes Übermaß – das heißt, eine Übersteigerung oder eine Abwertung – ist also gleichermaßen destruktiv. Sie können auf diese Hindernisse reagieren, indem Sie Ihren Charakter, Ihre Qualitäten und Fähigkeiten immer wieder einer Prüfung unterziehen. So können Sie lernen, sich selbst besser zu verstehen. Das führt auch zu mehr Gewahrsein."

Selbstvertrauen

Der eigene realistische Blick auf sich selbst verleiht ein gewisses Selbstvertrauen, eine gewisse innere Stärke. Man weiß, wozu man wirklich fähig ist und wo die eigenen Grenzen liegen. Und daher wird man sich weniger von dem beeinflussen lassen, was andere Leute sagen. Wenn man kritisiert wird und es sich dabei um eine berechtigte Kritik handelt, wird man sie leichter akzeptieren und als Chance nutzen können, um etwas über sich selbst zu lernen. Wird man jedoch fälschlicherweise für etwas beschuldigt, so reagiert man nicht so heftig, da man tief in seinem Inneren weiß, dass die Kritik unberechtigt ist; man kennt sich selbst. Und wenn ein Mensch so viel Selbstvertrauen hat, dass er seine eigenen positiven inneren Qualitäten und Talente erkennt, dann ist er nicht so sehr auf das Lob anderer angewiesen, um dieses Bewusstsein von der eigenen Leistung zu nähren.

Ehrlich zu sich selber

Wenn wir uns jeden Tag aufmerksam und aufrichtig prüfen und unsere Gedanken sowie die Beweggründe unseres Handelns betrachten, kann in uns die Möglichkeit für eine Wandlung zum Positiven entstehen. Obwohl ich nicht uneingeschränkt für mich in Anspruch nehmen kann, in den vergangenen Jahren irgendwelche bemerkenswerte Fortschritte gemacht zu haben, sind mein Wunsch und meine Entschiedenheit, mich zu ändern und weiterzuentwickeln, ungebrochen. Vom frühen Morgen bis zum Abend und in allen Situationen des Lebens versuche ich stets, meine Motivation zu überprüfen und dabei ehrlich zu mir selbst zu sein. Ich empfinde dies als eine große Hilfe in meinem eigenen Leben.

Realistische Erwartungen

Es ist wichtig, ein Selbst zu haben, das in der Realität verwurzelt ist, eine unverzerrte, realistische Einschätzung der eigenen Fähigkeiten und Beobachtungen. Das ist deshalb so bedeutsam, weil ein Mensch mit einem realistischen Selbstgefühl weniger Gefahr läuft, in psychologische und emotionale Schwierigkeiten zu geraten. Daher ist es wichtig, zuallererst einmal die Faktoren zu identifizieren, die bessere Selbsterkenntnis und Selbstbewusstheit behindern. Ein wesentlicher Faktor ist vielleicht die menschliche Dummheit, die Sturheit. Damit meine ich eine Art dumme Sturheit, die man im Leben oft an den Tag legt. Zum Beispiel, wenn man darauf beharrt, immer Recht zu haben, und meint, die eigene Art und Weise, die Dinge zu sehen, sei die einzige und beste. Eine solche Haltung mag manchmal ein Selbstschutz sein, aber sie verhindert jedes realistische Bewusstsein für die eigenen Unzulänglichkeiten. Auch übermäßiger Stolz, der die eigene Bedeutung übermäßig wichtig nimmt, wird eine bessere Selbsterkenntnis vereiteln. Ein arroganter Mensch wird vermutlich weniger offen für Vorschläge und Kritik von außen sein, doch gerade dadurch lernt man, sich selbst besser zu verstehen. Zudem führt ein übersteigertes Selbstgefühl zu unrealistischen Erwartungen an sich selbst, was zur Folge hat, dass der Betreffende sehr viel Druck auf sich selbst ausübt. Werden diese Erwartungen nicht erfüllt – und dies passiert oft –, so wird dies zu einer Quelle ständiger Unzufriedenheit.

Ein Fingerzeig

In dieser sich ständig verändernden Welt sollten wir an zwei Dingen festhalten: An erster Stelle steht die Selbstprüfung. Wir sollten unsere eigene Einstellung anderen gegenüber immer wieder kritisch betrachten und uns fragen, ob wir uns unseren Mitmenschen gegenüber richtig verhalten. Bevor wir mit dem Finger auf andere zeigen, sollten wir den Fingerzeig auf uns selbst richten. Und zweitens müssen wir bereit sein, unsere Fehler einzugestehen und zu berichtigen.

Das rechte Maß

Eine ausgeglichene und geschickte Lebensweise, die Extreme vermeidet, ist ein sehr wichtiger Faktor im Alltag. Wer einen Schössling pflanzt, muss gerade im ersten Stadium sehr behutsam und geschickt vorgehen. Zu viel Feuchtigkeit oder zu viel Sonnenlicht werden ihn abtöten – und zu wenig ebenfalls. Nötig ist also ein sehr ausgeglichenes Umfeld, in dem der Schössling gesund heranwachsen kann. Auch für die Gesundheit eines Menschen kann ein Zuviel oder Zuwenig destruktive Auswirkungen haben. Zu viel Eiweiß ist, glaube ich, schädlich und zu wenig ebenfalls.

Dieses behutsame und geschickte Verfahren, das Extreme vermeidet, wirkt sich auch auf die geistige Gesundheit und das emotionale Wachstum aus. Entdecken wir an uns selbst beispielsweise zunehmend Arroganz und Aufgeblasenheit, weil wir uns aufgrund unserer eingebildeten oder wirklichen Errungenschaften oder Qualitäten überschätzen, dann besteht das Gegenmittel darin, mehr über die eigenen Probleme und Leiden nachzudenken und die unbefriedigenden Aspekte der Existenz zu betrachten. Das wird dazu beitragen, uns von einem überhöhten Geisteszustand herunter und wieder mehr auf den Boden der Tatsachen zu bringen.

Lässt man sich umgekehrt durch die Reflexion über die unbefriedigende Natur der Existenz über Leid, Schmerz etc. überwältigen, dann besteht die Gefahr, ins andere Extrem zu verfallen. In dem Fall wird man womöglich entmutigt, hilflos und depressiv und denkt: „Ach, ich bin zu nichts imstande, ich tauge einfach nichts." Unter solchen Umständen ist es wichtig, dass wir uns durch das Nachdenken über unsere Errungenschaften, die Fortschritte, die wir gemacht haben, und unsere anderen positiven Eigenschaften aufrichten und die Demoralisierung überwinden. Hier ist also ein sehr ausgewogener und geschickter Ansatz erforderlich.

Auf die Motivation kommt es an

Am schlimmsten ist es, wenn die Menschen zu viel Vertrauen in mich setzen, und das vor allem in Situationen, die meine Fähigkeiten überschreiten. In solchen Fällen entsteht natürlich manchmal Angst. Hier sind wir wieder bei der Bedeutung der Motivation angelangt. Ich versuche mir dann wieder klar zu machen, dass ich, was meine Motivation betrifft, aufrichtig bin und mein Bestes getan habe. Solange meine Motivation ehrlichem Mitgefühl entspringt, habe ich nichts zu bereuen, selbst wenn ich einen Fehler gemacht oder versagt habe. Ich habe mein Bestes gegeben. Wenn ich trotzdem versagt habe, lag es daran, dass die Situation eben meine Möglichkeiten überstieg. Auf diese Weise nimmt uns eine ehrliche Absicht die Angst und verleiht uns Selbstvertrauen. Wenn wir insgeheim aber jemanden täuschen wollen, müssen wir im Falle eines Versagens natürlich nervös werden. Entwickeln wir dagegen eine von Mitgefühl geleitete Motivation, so brauchen wir, wenn wir versagen, nichts zu bereuen.

Daher denke ich immer wieder, dass eine einwandfreie Motivation ein Schutz vor Gefühlen wie Angst und Sorge sein kann. Die Motivation ist so wichtig. Wir können nämlich jede menschliche Handlung als einen Akt der Bewegung betrachten, und das, was alle Bewegungen in Gang setzt, ist unsere Motivation. Wenn wir eine reine und aufrichtige Motivation entwickeln, wenn wir auf der Grundlage von Freundlichkeit, Mitgefühl und Respekt helfen wollen, ist es gleichgültig, in welchem Bereich wir arbeiten – wir werden in jedem Fall effektiver und weniger ängstlich handeln. Wir brauchen uns nicht darum zu sorgen, was andere von uns denken oder ob wir unser Ziel erreichen. Auch wenn uns das nicht gelingt, können wir uns noch darüber freuen, wenigstens den Versuch gemacht zu haben. Mit einer schlechten Motivation dagegen werden wir unglücklich sein, selbst wenn man uns Lob spendet und wir unser Ziel erreichen.

Unser Potenzial

Bescheidenheit ist eine gute Eigenschaft, aber es kann auch zuviel Bescheidenheit geben. Eine geringe Selbstachtung hat den negativen Effekt, dass man dann keine Möglichkeit zur Weiterentwicklung wahrnimmt, denn man neigt in diesem Fall dazu, auf jede Herausforderung mit dem Gedanken *Nein, das kann ich nicht*, zu reagieren. Um diese Haltung zu überwinden, sollte man sich klar machen, welches Potenzial man einfach als Mensch hat und sich vergegenwärtigen, dass wir alle eine wunderbare menschliche Intelligenz besitzen, mit der wir viel zu leisten vermögen. Natürlich gibt es Menschen, die geistig behindert sind und daher nicht in der Lage, ihre Intelligenz in derselben Weise zu benutzen, aber das ist etwas anderes.

Außerdem ist noch hinzuzufügen, dass ein erregter Geisteszustand ein weiteres Hindernis für eine bessere Selbsterkenntnis ist. Denn diese erfordert eine gewisse Konzentration auf die eigenen Fähigkeiten und den eigenen Charakter. Ein ständig erregter Geist stellt ganz einfach nicht den notwendigen inneren Raum bereit, um in eine Selbstreflexion einzutreten.

Die innere Einstellung

Wenn Sie sich in Ihrem täglichen Leben bewusst sind, dass Sie in Ihrem Inneren gute Eigenschaften besitzen – wie Mitgefühl, die Fähigkeit zur Vergebung oder das Vermögen, die Dinge aus einer erweiterten Perspektive zu sehen –, dann können äußere Faktoren dem inneren geistigen Frieden nichts anhaben, seien die Umstände noch so schwierig. Das gilt selbst dann, wenn Sie von Feindseligkeit umgeben sind. Deswegen ist das Mitgefühl die Quelle des Glücks. Wenn Sie andererseits an einem Tag verstimmt sind oder ein Gefühl des Hasses mit sich herumtragen, dann werden Sie den ganzen Tag nicht glücklich sein, auch wenn die äußeren Bedingungen gut sind oder Sie von guten Freunden umgeben sind. Ich glaube deshalb, dass die innere geistige Einstellung der wichtigste Faktor für Glück oder Unglück ist.

Sich kümmern

Als menschliche Wesen verfügen wir über die wunderbare Fähigkeit zu erkennen, woraus langfristig und auf kurze Zeit die positiven und negativen Folgen resultieren. In moralischer Hinsicht besitzen wir die große Verantwortung, uns nicht nur um unsere Mitmenschen zu kümmern, sondern auch für andere Arten, Tiere und empfindende Wesen, wie für unsere Umwelt insgesamt Sorge zu tragen. Deshalb sollten wir ein gutes, wertvolles und menschliches Leben führen, gute und warmherzigere Menschen sein. Dies wird wie von selbst unserem individuellen Leben, unserer Familie und der Gemeinschaft mehr Glück bescheren; man hat nicht nur selbst, sondern mit allen anderen zugleich einen großen Nutzen.

Nichts geht über meine Kräfte

Man sollte immer vorher überlegen, ob man in der Lage ist, eine geplante Aktion auch wirklich auszuführen; ist dies möglich, sollten wir bis zum Ende durchhalten. Wenn wir dazu nicht imstande sind, lassen wir lieber die Hände davon. Wenn man einmal damit angefangen hat, sich in unüberlegte Projekte zu stürzen, wird alles, was man tut, unfertig und fehlerhaft bleiben. Es ist also wichtig, seine Grenzen zu kennen.

Selbstvertrauen darf nicht mit Stolz verwechselt werden. Stolz heißt, eine hohe Meinung von sich zu haben, die durch nichts gerechtfertigt wird, während Selbstvertrauen die berechtigte Gewissheit ist, etwas erreichen zu können. Diese Gewissheit, diese Entschlossenheit, sich nicht entmutigen zu lassen, ist eine große innere Kraft. Sie hilft uns bei der Ausführung unserer Taten, beim Umgang mit den Geistesgiften und gibt uns die dazu nötige Stärke. Gewöhnliche Menschen sind bereit, große Mühen für geringfügige Ziele auf sich zu nehmen. Wir, die wir ein so hohes Ziel verfolgen, sollten Vertrauen in unser Handeln haben und denken: „Ich selbst kann das Wohlergehen der Lebewesen erreichen, es gibt nichts, das über meine Kräfte geht."

Die Macht der Geduld

Alles hängt von unserer inneren Einstellung ab. Geduld ist eine große Kraft; mit ihrer Hilfe gelingt es, angesichts von Schicksalsschlägen Gleichmut zu bewahren. Natürlich, Widrigkeiten akzeptieren ist nicht leicht, aber wir brauchen all unsere Energie für den inneren Kampf gegen unseren schlimmsten Feind, den Hass, und dürfen uns nicht vor den Leiden fürchten, die jeder Kampf mit sich bringt.

Gib deinen Wünschen
eine Richtung

Kein Grund zum Unglücklichsein

Was uns in erster Linie stört und missmutig macht, ist die Tatsache, dass unsere Wünsche sich nicht erfüllen. Sich darüber jedoch wiederholt zu ärgern, trägt ganz und gar nicht dazu bei, diese Wünsche doch noch zu verwirklichen, so dass wir weder unserem ursprünglichen Ziel näherkommen noch unsere Lebensfreude wiedergewinnen. Dieser Zustand der Desorientierung, aus dem Zorn erwachsen kann, ist sehr gefährlich. Wir sollten niemals zulassen, dass die glückliche Grundstimmung unseres Geistes gestört oder gar zerstört wird. Ob wir zum jetzigen Zeitpunkt leiden oder in der Vergangenheit gelitten haben, zu keinem Zeitpunkt sollten wir einen Grund haben, unglücklich zu sein.

Alles relativ

Also, Sie bemühen sich um eine neue Stellung oder um eine Beförderung, und Sie haben die richtigen Qualifikationen dafür, sie steht Ihnen also im Grunde zu – und trotzdem erhalten Sie sie nicht. Zuerst denken Sie empört: ‚aber ich verdiene diesen Aufstieg!', aber dennoch können Sie entscheiden, wie Sie nun reagieren. Sie können ärgerlich und wütend sein, kommen dann aber vielleicht darauf, wie zerstörerisch eine solche Geistesverfassung sein kann. Allein schon diese Überzeugung wird dazu beitragen, sich vor diesen Emotionen in Acht zu nehmen und sie vielleicht sogar ein wenig zu reduzieren. Denken Sie also nicht weiter an diese Stellung, die man Ihnen nicht gegeben hat. Es wird immer bessere Jobs geben, die Sie nicht haben. Nähren Sie keine weiteren Konkurrenz-, Neid- oder Eifersuchtsgefühle. Das führt nur dazu, dass Sie noch wütender, noch unzufriedener sind.

Aber nun geht es darum, eine Art Seelenfrieden zu erreichen. Und hier müssen Sie Ihre Fähigkeit einsetzen, kritisch zu denken und zu analysieren. Beginnen Sie damit, indem Sie sich bewusst machen, dass keine Situation hundertprozentig gut oder hundertprozentig schlecht ist. Insbesondere im Westen habe ich die Neigung beobachtet, in Schwarz-Weiß-Kategorien zu denken. Aber in Wirklichkeit ist alles im Leben relativ. Mit Hilfe dieser Einsicht können Sie daran arbeiten, zu einer umfassenderen Sicht der Situation zu gelangen, und versuchen, verschiedene

Aspekte zu betrachten. Ferner können Sie sich klar machen, dass die Tatsache, eine bessere Arbeit und mehr Geld zu haben, nicht unbedingt bedeutet, dass Sie keine Probleme haben. Manche Jobs mögen zwar höher bezahlt sein, aber normalerweise haben sie auch ihren Preis – vielleicht sind das längere Arbeitszeiten oder mehr Verantwortung; vielleicht sind Sie dabei sogar dem Risiko ausgesetzt, sich zu verletzen, oder haben andere Probleme. Wenn Sie sich wirklich einmal Menschen in höheren Positionen ansehen, entdecken Sie vermutlich, dass auch mehr Anforderungen an sie gestellt werden, mehr Konkurrenz herrscht und ihnen viel Neid von anderen entgegengebracht wird. Möglicherweise erkennen Sie, dass Ihre gegenwärtige Arbeit zwar schlechter bezahlt, aber auch in mancher Hinsicht einfacher, oder – in manchen Fällen – weniger risikoreich oder sogar gefährlich ist.

Sie denken also weiterhin über die gegenwärtige Situation nach, Sie denken: „Nun ja, ich habe eben Pech, denn eigentlich verdiene ich diese bessere Stellung!“ Aber da Sie sie nun nicht bekommen haben, könnten Sie, statt nur auf diesen Misserfolg zu schauen, eine umfassendere Sichtweise kultivieren und das Ganze von einer anderen Warte aus betrachten: Sie können sich sagen: „In meinem jetzigen Job werde ich schlechter bezahlt und es ist nicht die beste Arbeit. Doch ich verdiene genug, um meine Familie und mich zu ernähren, und so bin ich zufrieden damit. Es ist in Ordnung so“. Wenn wir so denken, können wir uns mit unserem Job aussöhnen, auch wenn die Dinge einmal nicht so laufen, wie wir es gerne hätten.

Unser Verlangen

Bestimmte Formen von Verlangen sind positiv. Der Wunsch nach Glück zum Beispiel. Das Verlangen nach Frieden oder einer harmonischeren, freundlicheren Welt. Manche Wünsche sind sehr nützlich.

Aber ab einem bestimmten Punkt wird Verlangen unvernünftig, was dann gewöhnlich zu Schwierigkeiten führt. Ich schaue mir beispielsweise gern die vielen schönen Sachen in Supermärkten an. Dann kommt in mir ein Gefühl von Verlangen auf, und mein anfänglicher Impuls ist vielleicht: „Oh, ich möchte dies; ich möchte das!" Aber mein zweiter Gedanke ist: „Brauche ich das wirklich?" Die Antwort lautet meistens: „Nein." Wenn wir dem ersten Verlangen folgen, diesem anfänglichen Impuls, dann wird unser Geldbeutel bald leer sein. Die andere Ebene des Verlangens nach den Grundbedürfnissen an Essen, Kleidung und Unterkunft ist jedoch vernünftiger.

Ob ein Wunsch überzogen oder negativ ist, hängt manchmal von den Umständen oder der Gesellschaft ab, in der wir leben. Wenn man zum Beispiel in einer wohlhabenden Gesellschaft lebt, in der man ein Auto zur Bewältigung des Alltags benötigt, ist natürlich nichts falsch daran, sich ein Fahrzeug zu wünschen. Aber angenommen, Sie leben in einem armen Dorf in Indien, wo man gut ohne Auto auskommt und Sie wünschen sich dennoch eines, so kann das Probleme aufwerfen, selbst wenn Sie genügend Geld für den Kauf haben. Es kann Neid unter den Nachbarn und Ähnliches heraufbeschwören. Oder wenn Sie in einer wohlhabenderen Gesellschaft leben und schon ein Auto besitzen, jedoch den Wunsch nach immer treueren Fahrzeugen hegen, können sich die gleichen Probleme einstellen.

Weder gut noch schlecht

Wenn Sie die grundlegenden Bedürfnisse des Körpers vernachlässigen, dann schaden Sie den unzähligen fühlenden Organismen, die in Ihrem Körper leben. Ebenso sollten Sie das andere Extrem vermeiden, in großem Luxus zu leben. Es ist durchaus möglich, gute Nahrung, Kleidung, Wohnung und Ausstattung zu gebrauchen, ohne leidbringende Emotionen wie Anhaftung, Stolz und Arroganz zu entwickeln. Das Wesentliche ist die Kontrolle innerer Faktoren wie Gier und Anhaftung. Äußere Faktoren sind nicht in und aus sich selbst heraus gut oder schlecht.

Übersteigerungen

Selbstzufriedenheit allein kann nicht den Ausschlag dafür geben, ob ein Verlangen oder eine Handlung positiv oder negativ ist. Ein Mörder mag ein Gefühl der Befriedigung empfinden, wenn er einen Mord verübt, aber das rechtfertigt seine Handlung nicht. All die unheilsamen Handlungen – Lügen, Diebstahl, sexuelles Fehlverhalten und so weiter – werden von Leuten begangen, die dabei ein Gefühl der Befriedigung empfinden können. Die Grenze zwischen positivem und negativem Verlangen oder Handeln hat nichts damit zu tun, ob es eine momentane Befriedigung hervorruft, sondern damit, ob seine Auswirkungen positiv oder negativ sind. Wenn das Verlangen nach teueren Sachen auf Unersättlichkeit basiert, dann wird man schließlich an eine Grenze, an die Realität stoßen. Und hat man die Grenze erreicht, wird man alle Hoffnung verlieren, in Depression verfallen und so weiter. Das ist eine Gefahr, die dieser Art von Verlangen innewohnt.

Ich glaube also, dass diese Form von exzessivem Verlangen zur Gier führt – einer übersteigerten Art des Verlangens, die auf unrealistischen Erwartungen fußt. Und wenn Sie über die Exzesse der Gier nachdenken, werden Sie entdecken, dass sie den Einzelnen in Frustration, Enttäuschung und in ein gehöriges Maß an Verwirrung und Problemen hineinführt. Obwohl die Gier aus dem Wunsch hervorgeht, etwas zu erlangen, ist sie charakteristischerweise nicht befriedigt, wenn man das Gewünschte bekommt. Dadurch wird sie grenzen- und bodenlos. Das eigentliche Mittel gegen Gier ist Zufriedenheit. Wenn Sie ein hohes Maß davon besitzen, spielt es keine Rolle, ob Sie ein Objekt erhalten oder nicht – Sie werden immer zufrieden sein.

Jeder ist verantwortlich

Jeder von uns ist für die gesamte Menschheit verantwortlich. Wir sind verpflichtet, einander als wirkliche Brüder und Schwestern zu betrachten und uns um unser gegenseitiges Wohlergehen zu kümmern. Wir müssen lernen, die Leiden der anderen zu verringern. Anstatt einzig und allein für die Anhäufung von Wohlstand zu arbeiten, sollten wir etwas Bedeutungsvolleres tun, etwas, das aufrichtig und ausdrücklich das Wohlergehen der gesamten Menschheit zum Ziel hat.

Absurde Ziele

Ein kluger Mann, der weiß, was seinen Interessen wirklich dient, und der in Harmonie mit sich selbst leben möchte, wird nicht so viel Wert auf Lob, Ruhm und Ehre legen. Was in der Welt gewöhnlich als Befriedigung gilt, sieht neben Dingen, die einen wirklichen Sinn haben, völlig belanglos aus.

Alkohol, Drogen, Spiel und andere Genüsse faszinieren die Menschen, weil sie eine – wenn auch flüchtige – Befriedigung verschaffen. Aber kann das ein Ziel sein? Für das bisschen Freude und Vergnügen zögern sie nicht, alles zu opfern, was sie besitzen. Menschen setzen ihr Leben aufs Spiel, nur um sich einen Namen zu machen und als Helden zu gelten. Wie absurd das ist! Kann man sich von Ruhm ernähren? Dauert Vergnügen über den Tod hinaus? Weder in diesem noch in zukünftigen Leben sind sie von wirklichem Nutzen. Es ist es nicht wert, sich wegen eines Erfolges wie im siebten Himmel zu fühlen und sich durch Fehlschläge in Depressionen stürzen zu lassen.

Aller Reichtum

Wie lange wir auch leben werden, allerhöchstens jedoch etwa einhundert Jahre, müssen wir schließlich sterben und werden dieses kostbare menschliche Leben verlieren. Und das könnte jeden Augenblick passieren. Dieses Leben wird sich auflösen, egal, wie viel Reichtum und Besitz wir auch haben mögen. Kein noch so großer Reichtum kann uns eine Verlängerung unseres Lebens erkaufen. Am Tage unseres Todes wird nichts von all den Dingen, die wir angesammelt haben, uns helfen können. Alles muss zurückgelassen werden. In dieser Hinsicht sind sich der Tod eines reichen Menschen und der Tod eines Tieres gleich.

Der neue Fernseher

Was wir normalerweise als Genuss und Freude empfinden, ist meist nur eine Verringerung von Schmerz. Falls gutes Essen und Trinken beispielsweise wirklich nur angenehm wären – falls sie von ihrer inneren Beschaffenheit her Genuss und Freude wären –, dann würden wir in gleichem Maße glücklicher und glücklicher werden, je mehr wir essen und trinken. Stattdessen beginnen wir, an Körper und Seele zu leiden, wenn wir uns übermäßig dem Genuss von Essen und Trinken hingeben. Das ist ein Hinweis darauf, dass diese Erlebnisse von Genuss und Freude die Natur von Schmerz haben. Ich erzähle gerne die Geschichte einer Familie, die einen neuen Fernsehapparat kauft. Im Vergleich zum alten ist der neue wirklich vorzüglich, und alle sehen tagelang fern. Aber schließlich wird es ihnen langweilig. Das beweist, dass die ursprüngliche Freude die Natur von Schmerz in sich trägt. Solche Zustände von vorübergehendem Glück werden das Leiden der Veränderung genannt.

Geh deinen Weg

Man erstrebt und wünscht sich bisweilen Dinge, von denen man nur zu gut weiß, dass sie nicht mit dem göttlichen Willen zu vereinbaren sind; diese Art der moralischen Kontrolle scheint mir sehr nützlich zu sein, um eine ethisch positive Haltung zu entwickeln. In diesem Zusammenhang spielt die Frage des Mitgefühls und der Liebe eine nicht unwichtige Rolle. Nicht selten reizt eine Situation, negative Dinge zu tun, aber aus dem Wunsch heraus, ein treuer Anhänger seines jeweiligen Glaubens sein zu wollen, unterlässt man solche Handlungen. Dies ist eine gute Art, sich innerlich weiterzuentwickeln und seinen Charakter zu bessern. Die Echtheit unserer Liebe zu Gott spiegelt sich in unserer Liebe zu unserm Nachbarn. In meinen Augen liebt derjenige Gott ehrlich, der aufrichtiges Mitgefühl, unverfälschte Freundlichkeit und echte Liebe gegen seine Brüder und Schwestern walten lässt. Einige Menschen lassen sich angesichts von Christusbildern oder anderen Darstellungen verschiedener Gottheiten zu Tränen hinreißen, aber in ihrem alltäglichen Handeln lassen sie Mitgefühl und Nächstenliebe vermissen. Echtes Mitgefühl und Glaube an Gott können Angst und Furcht abschwächen, was aber nicht bedeuten darf, alle Verantwortung Gott zuschieben zu wollen. Gott zeigt den rechten Weg, es liegt aber in der Verantwortung des Menschen, diesen Weg tatsächlich zu beschreiten.

Ein Stück Papier

Geld an sich ist nur ein Stück Papier. Erst der Wert, den wir ihm gesellschaftlich zuschreiben, macht es zu etwas Wertvollem. Das Papier selbst ist nur sehr wenig wert. Sein wahrer Wert liegt in dem Preis, der Zahl, die auf dem Papier steht. Das mag albern klingen, aber ich glaube, es ist wichtig, sich zuweilen an diese einfache Tatsache zu erinnern.

Wenn wir dem Geld um des Geldes willen nachjagen, besteht das Problem darin, dass es uns zu Opfern einer unersättlichen Gier macht. Wir haben nie genug. Wir werden zu Sklaven des Geldes. Ich habe einige Freunde, die hierhin und dorthin rennen und im Streben nach immer mehr Geld durch die ganze Welt reisen; manchmal necke ich sie damit, nenne sie Sklaven des Geldes. Aber sie halten niemals inne, um darüber nachzudenken, warum sie das tun – sie tun es höchstens, um herauszufinden, wie sie noch mehr Geld verdienen könnten. Wenn ihr Streben ihnen zum Glück verhelfen und ihnen die Erfüllung geben würde, die sie im Leben suchen, dann wäre es wohl irgendwie gerechtfertigt. Doch das ist nicht der Fall. Denn sie geben sich ja niemals mit irgendetwas zufrieden. Außer wenn Sie einer der reichsten Menschen der Welt würden, was äußerst unwahrscheinlich ist, wird es immer jemanden geben, der mehr Geld hat als Sie. Und wenn Sie etwas bekommen, wollen Sie immer noch mehr: Wenn Sie eine Million verdienen, wollen Sie zehn Millionen, und wenn Sie zehn haben, wollen Sie hundert Millionen. Sofern wir nicht lernen zu sagen „das genügt mir jetzt“, können wir niemals wahrhaft zufrieden sein. Es ist wie ein Spiel, bei dem die Zielpfosten ständig verschoben werden, so dass Sie niemals die Chance haben zu treffen.

Nicht vergessen!

Eine Möglichkeit, zur Zufriedenheit zu gelangen, besteht beispielsweise ganz einfach darin, sich bewusst zu machen, wie glücklich man sich schätzen kann, überhaupt Arbeit zu haben, und wie viele Menschen keinerlei Chance haben, irgendeine Arbeit zu bekommen. Zudem können Sie sich sagen: „Es gibt auch noch andere gute Dinge in meinem Leben, und ich bin, verglichen mit vielen Menschen, immer noch besser dran. Und das ist meine Realität."

Manchmal vergessen wir das. Wir sind verwöhnt. Beispielsweise gibt es in Amerika viele Möglichkeiten zu arbeiten. Es gibt ein hohes Maß an Freiheit und man kann selber die Initiative ergreifen. Mit Eigeninitiative kann man vorankommen. Aber gleichzeitig herrscht viel Verdrossenheit und Unzufriedenheit. In anderen Ländern und Teilen der Erde, zum Beispiel in Ländern wie Indien und China, haben die Menschen weniger Chancen, eine Beschäftigung zu finden. Hier bekommen viele einfach keinen Job. Aber ich habe festgestellt, dass das Gefühl der Befriedigung, das sie aus ihrer Arbeit ziehen, viel stärker ist und sie außerdem oft engagierter sind. Auch kann man sich vergegenwärtigen, wie viel schwerer es frühere Generationen hatten, die die beiden Weltkriege und so vieles andere erlebten. Zuweilen vergessen wir diese Dinge, aber wenn wir daran denken, sind wir oft dankbarer und zufriedener.

Der Kunga-Dhondup-Glaube

Es gibt eine Art unterschwelliger Annahme, dass Geld alle unsere Probleme lösen könne. Und selbst bei Tibetern, selbst bei denen, die mit dem Gedankengut der Spiritualität und dem Leben des Buddha vertraut sind, gibt es manchmal die Neigung zu denken: „Wenn ich in den Westen gehe und eine Menge Geld verdiene, dann wird alles wunderbar sein". Es gibt einen modernen tibetischen Ausdruck für Geld: *Kunga Dhondup*. Wörtlich übersetzt heißt er „das, das jeden glücklich macht und alle Wünsche erfüllt". Diese Ansicht ist ganz eindeutig gefährlich. In manchen Ländern mag sie aus historischer Sicht verständlich sein – insbesondere in den Ländern, in denen die Gesellschaft wirtschaftliche Armut überwinden musste. In solchen Gesellschaften richtete sich das Hauptaugenmerk auf die wirtschaftliche Entwicklung. Wenn die wirtschaftliche Entwicklung erfolgreich wäre, so meinte man, wären viele gesellschaftliche Probleme gelöst. Aber auch als sich die Bedingungen besserten, blieb dieses Denken. Man hatte die Entwicklung innerer Werte vernachlässigt, und dies ist, so denke ich, die Folge davon. Man könnte auch sagen, diese Art zu denken ist eine Folge oder ein Nebeneffekt der Unfähigkeit, den Wert des inneren Potenzials oder der inneren Werte wie Mitgefühl, Toleranz und menschliche Zuneigung zu erkennen.

Geldknechte

Wenn ein Mensch glaubt, dass Geld mit Glück gleichzusetzen ist, dann wird er sich ständig mit der Vermehrung seines Reichtums beschäftigen, auch wenn er schon reich ist. Er jagt diesem unerreichbaren Traum nach. Er verstärkt seine Bemühungen. Er strebt nach mehr. Je reicher er wird, desto mehr Problemen ist er ausgesetzt. Das ist ganz zwangsläufig so. Die Art Glück und die Freiheit, die er gesucht hat, hat er also nicht erlangt, sondern das Gegenteil: Er ist jetzt ein Sklave des Geldes und befindet sich in noch größerer Knechtschaft als zu Beginn. Und, so meine Beobachtung, er wird, egal, wie viel Geld er verdient, egal, wie hoch sein Einkommen ist, immer die quälende Angst haben, er habe nicht genug Geld. Denn je mehr Geld er verdient, desto verschwenderischer und teurer wird sein Lebensstil, und dementsprechend werden seine Ausgaben steigen.

Grenzenlos

Unvernünftige oder kontraproduktive Begierde ist eine übertriebene Anhaftung an Dinge und führt unvermeidlich zu einem Mangel an Zufriedenheit. Fragen Sie sich selbst, ob Sie die meisten dieser Dinge wirklich benötigen, und die Antwort wird „Nein" sein. Diese Art des Verlangens ist grenzenlos, kann niemals Befriedigung finden und führt letztendlich zu Leiden. Dieser Art von Begierde müssen Sie Einhalt gebieten.

Eine Übung

1. Überprüfen Sie Ihre Motivation so oft Sie können. Selbst am Morgen, bevor Sie aus dem Bett aufstehen, entwickeln Sie eine gewaltlose, nicht missbräuchliche Zielsetzung für Ihren Tag. In der Nacht überprüfen Sie, was Sie den Tag über getan haben.

2. Nehmen Sie wahr, wie viel Leiden es in Ihrem eigenen Leben gibt:

- Es gibt körperliche und geistig-seelische Schmerzen, die Sie natürlich zu vermeiden suchen, wie zum Beispiel Krankeit, Alter und Tod.
- Es gibt vorübergehende Erfahrungen, wie das Essen von guten Speisen, die in und aus sich selbst angenehm und vergnüglich erscheinen, die sich aber in Schmerzen verwandeln, wenn man sie ununterbrochen genießt – das ist das Leiden der Veränderung. Wenn eine Situation von Vergnügen in Schmerzen übergeht, denken Sie über die Tatsache nach, dass sich nun die tiefere Natur des ursprünglichen Vergnügens enthüllt. Die Anhaftung an solch oberflächliche Freuden wird nur weiteres Leid bringen.

Nicht zu kaufen

Glück bzw. Glücklichsein ist geistig-seelischer Art. Maschinen können uns dieses Gefühl nicht vermitteln, noch können wir es uns kaufen. Geld und Reichtum sind nur untergeordnete Quellen des Glücks und keinesfalls das Glück selbst, sie sind nicht Mittel für unmittelbares Glück. Glück kann sich nur in uns selbst entwickeln; kein Mensch kann uns das Glück als solches in die Hand geben. Die entscheidende Quelle ist innere Ruhe und Ausgeglichenheit oder seelischer Friede. Es hängt nicht von äußeren Bedingungen ab. Es spielt auch keine Rolle, ob uns hochentwickelte technische Mittel zur Verfügung stehen, wir eine gute Ausbildung genossen haben oder ein sozial und materiell erfolgreiches Leben führen; entscheidend ist unser inneres Selbstvertrauen.

Höre auf,
dich zu sorgen

Einatmen und Ausatmen

Wenn Sie nicht damit aufhören können, sich Sorgen zu machen über etwas, das in der Vergangenheit passiert ist oder über etwas, das in der Zukunft geschehen könnte, verlagern Sie den Brennpunkt Ihrer Aufmerksamkeit auf Ihre Ein- und Ausatmung.

Ganz natürlich

Wo immer wir einer Situation begegnen – ganz gleich, ob sie auf uns zu kommt oder sich bereits ereignet hat –, die uns auf der geistigen Ebene bekümmert oder ängstigt, sollten wir uns zunächst darauf besinnen, ob diese Schwierigkeit von uns überwunden werden kann oder nicht. Wenn es uns möglich erscheint, das Problem zu lösen, dann sollten wir aktiv werden und die Lösung betreiben. Dann brauchen wir uns keine weiteren Sorgen zu machen, denn es gibt ja eine Perspektive zu seiner Lösung. Ist das Problem aber unlösbar oder unvermeidbar, macht es ebenso wenig Sinn, sich deswegen zu viele Sorgen zu machen. Tatsächlich vergrößern wir nur unser Leiden, wenn wir zusätzlich zu den faktisch vorhandenen Problemen nun auch noch auf der geistigen Ebene in Frustration und Depression verfallen. Nehmen wir als Beispiel das Altern. Natürlich bringt das Altern einige körperliche Schwierigkeiten mit sich. Das bleibt nicht aus. Daran können wir nichts ändern. Ändern können wir aber etwas daran, dass wir uns deswegen auf der geistigen Ebene Sorgen machen. Wir produzieren hier überflüssigerweise ein zusätzliches Problem, das dann ganz und gar Besitz von uns ergreifen kann. So geht es uns mit dem Tod. Aber der Tod ist Teil unseres Lebens – warum sollten wir uns deswegen bekümmern? Wir werden sterben, wir altern. Und mit dem Alter werden sich gesundheitliche Probleme einstellen. Das ist nichts Ungewöhnliches. Das ist ganz natürlich. Wenn wir uns das klar gemacht haben und uns innerlich darauf vorbereiten, was hindert uns dann noch daran, diese Tatsache zu akzeptieren? Wenn wir sie akzeptieren, werden uns unsere gesundheitlichen Probleme nicht aus der Bahn werfen. Wenn wir hingegen die Augen vor der Tatsache des Alters verschließen, werden wir geschockt reagieren, wenn uns eine schlechte Diagnose gestellt wird. Und in der Folge beginnen wir zu leiden und uns zu ängstigen. Dabei wäre dies gar nicht nötig. Ein realistischer Blick ins Leben ist also sehr hilfreich.

Gelassenheit

Warum soll man sich sorgen, wenn sich ein Problem lösen lässt? Wenn es eine Lösung gibt, dann braucht man sich doch nicht zu ängstigen. Und wenn etwas unabänderlich ist, dann muss man sich fügen. Sorgen nehmen einem nur die nötige Kraft. Sie sind nutzlos.

Perspektivenwechsel

Wenn wir einer „Tragödie" begegnen und diese ausschließlich aus einer Perspektive betrachten und uns ihr von dort nähern, dann nimmt unser Leiden an diesem Ereignis immer mehr zu und am Ende verfallen wir in Mutlosigkeit und Depression. Wenn wir hingegen den Mut aufbringen, dasselbe Ereignis aus einer anderen Perspektive anzusehen, dann könnten wir selbst in einer schwierigen Situation zu einer ganz anderen Sicht der Dinge kommen, etwa: „Diese Tragödie ist für sich genommen zwar furchtbar, aber sie öffnet doch neue Möglichkeiten." Ein Beispiel: Wir Tibeter haben unser Land verloren. Seit über 40 Jahren bin ich mit vielen meiner Landsleute gezwungen, außerhalb Tibets zu leben. Wenn ich diese Tatsache für sich betrachte, dann ist sie eine Tragödie. Betrachte ich sie aber aus einer anderen Perspektive, dann erkenne ich, dass auch in dieser Tragödie neue Möglichkeiten und Chancen liegen.

So geht es mit allem, was uns bekümmert: Starre ich nur wie gebannt auf das „Negative", dann leide ich unter ihm und verharre im Leiden. Ändere ich aber die Perspektive, so erkenne ich neue Möglichkeiten und bin motiviert, tätig zu werden und zu handeln. Das heißt: Wenn wir unser Leiden reduzieren wollen, sind wir gut beraten, unsere innere Einstellung zu überprüfen und die Phänomene, die uns Leid verursachen, aus einer anderen Perspektive, aus einer größeren Distanz zu sehen. Wo uns dies gelingt, wird das Leiden – wenigstens auf der geistigen Ebene – abnehmen. Und gleichzeitig werden der Mut und die Entschlossenheit in uns wachsen, die Probleme, die unser Leiden verursachen, anzugehen und zu bezwingen.

Nur Mut

Es mag scheinen, als habe Gott sich irgendwo schlafen gelegt. Dies ist ein Scherz, denn im Buddhismus gibt es die Vorstellung eines Schöpfergottes nicht. Sollte er aber tatsächlich eingeschlafen sein, ist es unsere Pflicht und Aufgabe, ihn zu wecken. Wir können Gott nicht für alle unsere Schwierigkeiten und Probleme verantwortlich machen und auch nicht für unser Schicksal oder unser *karma,* den gesetzmäßigen Kreislauf von Tat – Ursache – Wirkung. All dies wäre Ausdruck einer wenig mutigen Geisteshaltung.

Neue Hoffnung

Menschen dürfen auf vieles hoffen. Wenn sich eine Hoffnung nicht erfüllt, dann ist das keine Katastrophe, das Leben mit seinen vielfältigen Möglichkeiten geht weiter, und andere Wünsche werden in Erfüllung gehen.

Ein Experiment

Schauen wir also noch einmal hin: Hier ist ein Problem. Wir haben dieses Problem vor Augen – wir haben *nur* dieses Problem vor Augen. Indem wir uns ganz auf dieses Problem konzentrieren, wird es groß. Und je mehr wir uns auf es konzentrieren, desto größer und ernsthafter starrt es uns an. Betrachten wir das Problem aber aus der Ferne – mit größerer Distanz und einer weiteren Perspektive –, dann erscheint es uns kleiner und weniger bedrohlich. Und damit verbunden wachsen unser Zutrauen und unsere Hoffnung, diesem Problem gewachsen zu sein. Wir können daraus lernen, dass alles, was uns begegnet, relativ ist. Ein einfaches Experiment macht dies deutlich: Nehmen wir die Finger an der Hand: Der Ringfinger erscheint Ihnen entweder lang oder kurz – je nachdem, ob Sie ihn in Beziehung zum Mittelfinger oder zum kleinen Finger sehen. An sich aber ist er weder lang noch kurz. Er ist einfach nur, ganz gleich wie er erscheint. Sein Erscheinen aber richtet sich nach demjenigen, dem er erscheint – nach dessen Perspektive und nach der Beziehung, in der er jeweils wahrgenommen wird. Und diese kann variieren, so dass wir denselben Finger sowohl als „lang“ als auch als „kurz“ bezeichnen können. So geht es uns mit allen Phänomenen dieser Welt. Sie alle erscheinen uns relativ zu der Perspektive, aus der wir uns ihnen zuwenden und zu der Beziehung, in der wir sie wahrnehmen. Umgekehrt weisen Phänomene an sich verschiedene Aspekte auf, die es uns dann erlauben, unterschiedliche Perspektiven auf sie zu beziehen.

Hoffnung siegt

Unter keinen Umständen sollten Sie die Hoffnung verlieren. Hoffnungslosigkeit ist ein echter Grund für Misserfolg. Vergessen Sie nicht: Sie können jedes Problem überwinden. Bleiben Sie auch dann gelassen, wenn die äußere Umgebung verwirrt und verwickelt ist; das wird keine große Wirkung auf Sie haben, wenn Ihr Geist in Frieden ist. Wenn Ihr Geist jedoch dem Hass nachgibt, dann wird sich Ihnen geistiger Frieden entziehen, auch wenn die Welt friedlich und gemütlich ist.

Wolkenverschiebung

Der Himmel war da, bevor die Wolken ihn verhangen haben, und er wird immer noch da sein, nachdem die Wolken sich verzogen haben. Der Himmel ist sogar dann noch gegenwärtig, wenn dichte Wolken jeden Millimeter des für uns sichtbaren Himmels zu bedecken scheinen.

Beende
den Ärger und finde
den Frieden

Gefangene

Wir haben alle eine vergängliche und mit Leiden behaftete Natur. Sobald wir erkennen, dass wir alle eine Gemeinschaft bilden, die unter Mangel und Entbehrung leidet, wird es völlig sinnlos, mit den anderen Streit anzufangen. Stellen Sie sich eine Gruppe Gefangener vor, die zum Tode verurteilt sind und die kurz vor ihrer Hinrichtung stehen. Während ihres gemeinsamen Aufenthaltes im Gefängnis werden sie alle ihr Leben verlieren. Es hat keinen Sinn, wenn sie ihre letzten Tage im Streit verbringen. Wir alle sind gefesselt von der gleichen Natur des Leidens und der Vergänglichkeit. Unter solchen Umständen gibt es überhaupt keinen Anlass, miteinander zu streiten.

Alles Gute

Wir fürchten Schmerz,
Demütigung,
barsche und unfreundliche Worte
für uns und die, die wir lieben,
nicht aber für unsere Feinde,
ganz im Gegenteil!

Wenn unsere Gegner diesen Widrigkeiten ausgesetzt sind, freuen wir uns insgeheim darüber. Ihr Glück oder Ruhm aber trifft uns wie ein Pfeil; wenn anerkennend über sie gesprochen wird, irritiert uns das. Gilt die Anerkennung jedoch uns, reagieren wir genau umgekehrt. Wir sind zu allem bereit, um unsere Ziele zu erreichen, und werden verbittert, wenn uns das nicht gelingt. Nicht nur, dass wir unseren Konkurrenten nichts Gutes wünschen, jeder ihrer Erfolge ist uns ein Dorn im Auge. Aber genau diese Haltung ist es, die unsere Unzufriedenheit verursacht.

Niemand ist ein Eintopf

Am Anfang kann ein Problem massiv und hartnäckig erscheinen, bis Sie dessen wahre Natur untersuchen. Um dies zu tun, arbeiten Sie an Ihrem Verständnis über das Spektrum des Leidens in Ihrem eigenen Leben. Der gewöhnliche Geist und Körper sind in ihrer Natur voller Leiden, genauso wie es die Natur von Feuer ist, heiß und brennend zu sein. Auf die gleiche Art und Weise, wie wir gelernt haben, mit der Natur des Feuers umzugehen, können wir lernen, mit dem Leiden in unserem Leben umzugehen.

Wenn Sie eifersüchtig und neidisch sind oder einem Feind Schaden zufügen wollen, denken Sie über alle seine oder ihre Eigenschaften nach, anstatt ein Eintopfgericht der schlechten Eigenschaften dieses Menschen zusammenzukochen. Die meisten Menschen sind eine Mischung aus guten und schlechten Qualitäten – es ist sehr schwer, jemanden zu finden, der in jeder Hinsicht schlecht ist.

Positive Aspekte wahrnehmen

Kaum ein Gegenstand hat ausschließlich negative Seiten. Jedes Ding trägt ein positives Moment in sich. Wenn sich jedoch Gefühle des Zorns breit machen, nimmt unser Geist und unser Denken nur den negativen Aspekt wahr.

Einerseits bringt uns unser Gegner Probleme. Zugleich bietet uns dieser Gegner aber die Möglichkeit, uns in Geduld und Toleranz zu üben, zwei für Mitgefühl und Selbstlosigkeit notwendige Fähigkeiten und Eigenschaften.

Das Mittel gegen Ärger

Ärger und Zorn können nicht durch Ärger und Zorn überwunden werden. Wenn eine Person voller Zorn auf Sie zukommt und Sie zornig reagieren, dann wird das Ergebnis Unglück sein. Wenn Sie im Gegensatz dazu Ihren Ärger und Ihren Zorn unter Kontrolle halten und das Gegenteil davon zum Ausdruck bringen – nämlich Liebe, Mitgefühl, Toleranz und Geduld –, dann werden Sie nicht nur friedvoll bleiben können, sondern dann wird sich auch der Ärger und Zorn der anderen allmählich verringern. Niemand wird der Tatsache widersprechen können, dass in Gegenwart von Ärger und Zorn der Frieden unmöglich ist. Allein durch Güte, Freundlichkeit und Liebe kann geistige und innere Ruhe erreicht werden.

Zwei verschiedene Dinge

Auch wenn Sie in der Vergangenheit sehr viele negative Erfahrungen gemacht haben, ist es durch die Entwicklung von Geduld und Toleranz möglich, Ihre Gefühle des Zorns und der Feindseligkeit auszuschalten. Analysieren Sie die Situation, und Sie werden feststellen, dass die Vergangenheit vorüber ist. Daher hat es keinen Zweck, Zorn und Hass aufrechtzuerhalten, denn diese können das Geschehene nicht mehr ändern, sondern sie versetzen im Gegenteil Ihren Geist in Aufruhr und bewirken, dass Sie unglücklich bleiben. Natürlich können Sie sich trotzdem weiterhin an das Geschehene erinnern. Vergessen und Vergeben sind zwei verschiedene Dinge. Es ist völlig in Ordnung, sich an negative Ereignisse zu erinnern – wenn Sie ein gutes Gedächtnis haben, werden Sie dies ohnehin nie vergessen.

Es ist, wie es ist

Was immer uns auch zustoßen mag, wir sollten nicht zulassen, dass es uns zerrüttet und unsere Heiterkeit einer wachsenden Unzufriedenheit Platz macht. Denn Unzufriedenheit ist ein Keim, der Hass in sich birgt. Dann ist es besser, sie von Anfang an nicht aufkommen zu lassen. Für uns wird jemand zum Feind, wenn er uns Schaden zufügt. Aus seiner Sicht aber handelt er möglicherweise so, um seine Interessen oder die seiner Freunde zu schützen. Hass ist im Grund ein viel niederträchtigerer Feind, denn er hat keinerlei gute Seiten, sondern nur eine Funktion: uns unserer Verdienste zu berauben. Darum sagt Shāntideva: „Er hat nur eine Absicht: mich zu vernichten." Von dem Moment an, in dem Hass in uns aufsteigt, bewirkt er nichts anderes, als uns zu schaden. Darum haben wir allen Grund, ihn zu bekämpfen.

Unzufriedenheit entsteht in erster Linie durch unerfüllte Wünsche – wenn wir nicht bekommen, was wir wollen. Sie bringt uns der Erfüllung unserer Wünsche in keiner Weise näher, zermürbt selbst die fröhlichsten Menschen und schürt die Flammen des Hasses in gefährlichem Maße. Wir dürfen nicht auslassen, dass Unzufriedenheit unsere gute Laune und unsere Lebensfreude zersetzt; deshalb sollten wir uns auch nicht immer wieder vergangene Leiden in Erinnerung rufen. Warum uns Sorgen machen, wenn wir ein Problem lösen können? Und wenn wir die Situation so akzeptieren müssen, wie sie ist – was für einen Sinn hat es, sich aufzuregen? Das macht alles nur noch schlimmer.

Glück entsteht aus Freundlichkeit

Ich glaube, dass Glück aus Freundlichkeit entsteht. Glück kann nicht aus Hass oder Zorn entstehen. Niemand kann sagen: „Heute bin ich glücklich, weil ich diesen Morgen sehr zornig war." Im Gegenteil: die Leute fühlen sich unwohl und sind traurig und sagen: „Heute bin ich nicht so glücklich, weil ich diesen Morgen meine Beherrschung verloren habe." Sie sehen also, dass diese Tatsache etwas Natürliches ist.

Durch Freundlichkeit, sei es in unserem eigenen Umfeld oder auf nationaler und internationaler Ebene, durch gegenseitiges Verständnis und durch wechselseitigen Respekt werden wir Frieden, Glück und echte Zufriedenheit erhalten. Es ist sehr schwierig, Frieden und Harmonie durch Konkurrenzkampf und Hass zu erlangen. Freundlichkeit zu üben ist also sehr, sehr wichtig und ungemein wertvoll für die menschliche Gesellschaft.

Zur richtigen Haltung finden

Als ich gerade fünfzehn Jahre alt war, marschierten die chinesischen Kommunisten in Osttibet ein, und innerhalb eines Jahres beschloss die tibetische Regierung, dass ich Tibets Staatsgeschäfte leiten sollte. Es war eine schwierige Zeit: Wir mussten mit ansehen, wie unsere Freiheiten untergraben wurden, und 1959 wurde ich gezwungen, im Schutz der Nacht aus der Hauptstadt zu fliehen. Im indischen Exil standen wir täglichen Problemen gegenüber, welche von der Notwendigkeit, uns an das ganz andere Klima anzupassen, bis zur Notwendigkeit, unsere kulturellen Institutionen wiederherzustellen, reichten. Meine spirituelle Praxis vermittelte mir eine Einstellung, die es möglich machte, weiterhin nach Lösungen zu suchen, ohne den Blick für die Tatsache zu verlieren, dass wir alle Menschen sind, von falschen Ideen in die Irre geleitet und vereint durch gemeinsame Bande, bereit für Verbesserung.

Dies hat mich gelehrt, dass die Perspektiven von Mitgefühl, Ruhe und Verständnis unentbehrlich für das tägliche Leben sind und in der täglichen Übung kultiviert werden müssen. Schwierigkeiten kommen zwangsläufig. Daher ist es entscheidend, die richtige Haltung zu entwickeln. Ärger verringert unsere Fähigkeit, richtig von falsch zu unterscheiden, und diese Fähigkeit ist eine der höchsten menschlichen Eigenschaften. Wenn sie verloren geht, sind wir verloren. Manchmal ist es notwendig, nachdrücklich zu reagieren, doch das kann ohne Ärger getan werden. Ärger ist nicht notwendig. Er hat keinerlei Wert.

Dem Ärger begegnen

Manchmal sind andere Lebewesen, manchmal unerlebte Dinge die Ursache unserer Leiden. Wir ärgern uns zum Beispiel über schlechtes Wetter und schimpfen: „Was für ein Mistwetter!" Aber meistens gilt der Ärger unseren Mitmenschen. Wir müssen uns fragen, ob das gerechtfertigt ist, denn das Verhalten der Menschen, die uns Probleme bereiten, ist immer von spezifischen Ursachen und Umständen beeinflusst. Sie sind keineswegs Herr ihrer selbst. Jedes Phänomen entsteht durch Interaktion einer Reihe von Ursachen und Bedingungen. Diesen Mechanismen sind alle Lebewesen unterworfen, und deshalb ist es unsinnig, ihnen etwas übel zu nehmen.

Ein Windhauch

Wenn wir bemerken, dass jemand hinter unserem Rücken schlecht von uns spricht und darauf mit verletzten Gefühlen reagieren und uns zum Zorn hinreißen lassen, zerstören wir damit unseren inneren Seelenfrieden. Wir sollten solche Vorkommnisse nehmen wie einen Windhauch, der an uns vorüberstreift; mit anderen Worten: Wir sollten ihnen nicht zuviel Bedeutung beimessen. Ob wir leiden oder nicht, beruht zu einem großen Teil darauf, wie wir auf eine gegebene Situation reagieren – ob wir zu empfindlich sind und Dinge zu ernst nehmen oder nicht.

Warum sich ärgern?

Hohn, Beschimpfungen und Verleumdungen können den Geist nicht verletzen, denn er ist ohne Form; auch dem Körper tun sie an sich nichts zuleide. Wenn wir genau darüber nachdenken, sehen wir, dass Worte eigentlich nicht so unerträglich sind, wie es uns manchmal erscheint. Warum sich also ärgern?

Wirkung durch Schweigen

Es gibt Momente, in denen man durch Worte in Menschen eine weitreichende Wirkung hervorruft. Es gibt aber auch Momente, in denen man eine ebenso bedeutende Wirkung durch Schweigen schafft.

Sich über Lob freuen

Was an den lobenden Worten, die uns gelten, macht uns eigentlich solches Vergnügen? Ist es der Klang der Worte, oder freuen wir uns vielleicht darüber, dass andere Leute mit uns zufrieden sind? Aber: Diese Zufriedenheit entsteht im Geist eines anderen Menschen. Was haben wir davon? Wenn wir behaupten, dass es einfach diese Zufriedenheit anderer ist, die uns freut, dann müssten wir uns aber auch von ganzem Herzen darüber freuen, wenn man mit unseren Konkurrenten zufrieden ist und sie gelobt werden. Tatsache ist jedoch, dass wir ein Lob nur dann schätzen, wenn es uns gilt. Unsere Haltung ist unlogisch und kindisch.

Ins Loben einstimmen

Statt mit Eifersucht und schlechter Laune zu reagieren, wenn Menschen, die wir nicht mögen, gelobt werden, sollten wir versuchen, in das Lob einzustimmen. Fähig zu sein, an der Freude anderer teilzuhaben und darin sogar aufrichtiges Vergnügen zu finden, ist etwas, das die Zustimmung der Buddhas findet. Außerdem ist es die beste Art und Weise, Freundschaft zu begründen. Selbst unsere Feinde werden diese Eigenschaft an uns schätzen. Wenn wir es nicht schaffen, unserem Nächsten die kleinste Freude zu gönnen, dann müssten wir eigentlich alle Geschenke, Wohltätigkeitsveranstaltungen, humanitäre Aktionen – überhaupt alles, was anderen Freude macht – zu verhindern suchen.

Aufeinander angewiesen

Wir sollten nach Kräften versuchen, die Verantwortung für unsere eigenen Emotionen zu übernehmen, Toleranz üben und versuchen, Neid zu reduzieren, obwohl das natürlich nicht immer leicht ist und es den Menschen unterschiedlich gut gelingt.

Man könnte ganz allgemein beginnen, indem man anerkennt, dass wir für unseren Lebensunterhalt alle wechselseitig voneinander abhängen. Das ist der Ort, wo wir anfangen könnten. Je mehr wir diese Tatsache als Realität anerkennen, desto größer wird unsere Bereitschaft sein, mit anderen zusammenzuarbeiten. Manchmal haben wir das Gefühl, wir wären getrennt von den anderen, unabhängig; es ist so das Gefühl: „Ich verdiene mein eigenes Geld, ich komme für mich selbst auf, wozu brauche ich die anderen?“ Besonders wenn wir jung und gesund sind, meinen wir oft: „Ich schaffe es allein, was kümmern mich die anderen.“ Aber egal, welchen Job wir haben, es gibt immer viele andere Kollegen, die auf ihre Weise zum Erfolg des Unternehmens beitragen, von dem wir zur Bestreitung unseres Lebensunterhalts abhängen. Ohne sie würde das Unternehmen nicht existieren, und wir würden nichts verdienen – ganz zu schweigen von den Kunden oder Lieferanten oder vielen anderen, die es uns ermöglichen, unser Geld zu verdienen.

Geduld und Toleranz

Da Geduld und Toleranz auf der Fähigkeit beruhen, standhaft und fest zu bleiben und sich nicht von widrigen Situationen oder Umständen überwältigen zu lassen, sollten Sie Geduld oder Toleranz nicht als Zeichen von Schwäche oder Nachgiebigkeit, sondern vielmehr als Zeichen der Stärke und Standhaftigkeit betrachten. Auf eine schwierige Situation mit Geduld und Toleranz statt mit Zorn und Hass zu reagieren, erfordert aktive Zurückhaltung, die einem starken, disziplinierten Geist entspringt.

Wenn wir nun über den Begriff der Geduld sprechen, so muss ich erwähnen, dass Geduld, wie die meisten Dinge, positiv und auch negativ sein kann. Ungeduld ist nicht immer schlecht. Zum Beispiel kann sie dabei helfen, aktiv zu werden und Schwierigkeiten anzupacken. Zu viel Geduld kann selbst in alltäglichen Dingen wie dem Säubern des Zimmers dazu führen, dass man sich zu langsam bewegt und wenig schafft. Andererseits kann das ungeduldige Streben nach dem Weltfrieden zweifellos positiv sein. Aber in wirklich anspruchsvollen Situationen hilft Geduld, die Willenskraft zu bewahren und zu stärken.

Kluger Egoismus

Normalerweise gebe ich den Rat, dass, wenn es unbedingt notwendig ist, egoistisch zu sein, man zumindest auf kluge Art und Weise egoistisch sein sollte. Kluge Menschen dienen anderen aufrichtig und stellen die Bedürfnisse der anderen über die eigenen. Das endgültige Ergebnis davon wird sein, dass man so mehr Glück erreichen wird. Die Art von Egoismus, die mit Kampf, Töten, Stehlen und dem Gebrauch verletzender Worte einhergeht und immer nur „Ich, Ich, Ich“ denkt, wird zu Ihrem eigenem Schaden und Nachteil sein. Andere mögen dann zwar liebenswürdige Worte zu Ihnen sprechen, aber hinter Ihrem Rücken werden sie nicht mehr so freundlich über Sie reden.

Einfach den Menschen sehen

In Situationen, wo man mit feindseligen Kollegen oder schwierigen Vorgesetzten zu tun hat, kann eine umfassendere Sichtweise manchmal hilfreich sein – indem man erkennt, dass das Verhalten des Betreffenden möglicherweise gar nichts mit einem selbst zu tun hat, dass es vielleicht andere Gründe für sein Verhalten gibt und man es deshalb nicht allzu persönlich nehmen sollte. Solche feindseligen Ausbrüche können durchaus mit vollkommen anderen Dingen, vielleicht sogar mit häuslichen Problemen zusammenhängen. Diese einfachen Wahrheiten vergessen wir manchmal.

Und da wir darüber sprechen, wie man tieferes Mitgefühl für andere aufbringen könnte, möchte ich noch anmerken, dass dieses Mitgefühl unvoreingenommen sein sollte; im Idealfall sollte es sich an alle Menschen gleichermaßen richten. Das ist echtes Mitgefühl, universelles Mitgefühl. Zum Beispiel denken wir oft, Mitgefühl richte sich nur gegen die Menschen, die schlechter dran sind als man selbst – Menschen, die weniger Glück hatten, die arm oder in schwierigen Lebensumständen sind. Hier ist Mitgefühl natürlich vollkommen angemessen. Aber wenn ein Mensch reicher als man selbst oder berühmt ist oder sich anderer glücklicher Umstände erfreut, haben wir das Gefühl, er sei kein geeigneter Adressat für unser Mitgefühl. Unser Mitgefühl versiegt und vielleicht empfinden wir sogar Neid. Aber wenn Sie näher hinschauen, so sind diese Menschen, ganz gleich, wie reich oder berühmt sie sind, doch auch nur Menschen wie Sie selbst – den Veränderungen des Lebens unterworfen, dem Alter, Krankheiten, Verlusten und so weiter. Selbst wenn es nach außen hin nicht ersichtlich ist, so werden auch sie früher oder später dem Leiden unterworfen sein. Auf dieser Basis, als unsere Mitmenschen, verdienen sie unser Mitgefühl. Das gilt ganz besonders für die Arbeitswelt, wo Arbeitnehmer sich oft im Konflikt mit ihren Vorgesetzen und Chefs befinden und eher geneigt sind, ihnen gegenüber Neid, Angst oder Feindseligkeit zu empfinden, statt in ihnen einfach einen anderen Menschen zu sehen, der unser Mitgefühl verdient wie jeder andere auch.

Den Ärger verringern

Beurteilen Sie die möglichen positiven und negativen Wirkungen von Gefühlen wie Begierde, Ärger, Eifersucht und Hass. Wenn es offensichtlich wird, dass deren Wirkungen schädlich sind, werden Sie zu der Schlussfolgerung kommen, dass es keine positiven Auswirkungen beispielsweise von Ärger gibt. Analysieren Sie immer genauer, und allmählich wird Ihre Überzeugung stärker werden. Wiederholtes Nachdenken über die Nachteile von Ärger wird dazu führen, dass Sie erkennen, dass er sinnlos, ja geradezu bemitleidenswert ist. Diese Entscheidung wird die schrittweise Verringerung Ihres Ärgers bewirken.

Ein Mittel gegen Enttäuschung

Natürlich mag man zunächst enttäuscht sein, wenn jemand nicht aufrichtig ist, aber auch hier gilt: Untersuche ich die Situation genauer, entdecke ich vielleicht, dass sein Motiv dafür, etwas vor mir zu verbergen, nicht unbedingt auf einer schlechten Absicht beruht. Möglicherweise hat er nicht genug Vertrauen zu mir: Wenn ich daher manchmal bei solchen Vorfällen Enttäuschung verspüre, bemühe ich mich, mein Gegenüber aus einem anderen Blickwinkel zu betrachten. Ich denke mir dann, dass diese Person mir etwas vielleicht nicht völlig anvertrauen wollte, weil ich es nicht für mich behalten hätte. Von meinem Wesen her neige ich dazu, ganz geradeheraus zu sein. Vielleicht hat dieser Mensch deswegen entschieden, dass ich nicht fähig bin, Geheimnisse zu bewahren. So gesehen, würde ich die Ursache meinen eigenen Mängeln zuschreiben.

Zusammenarbeit und Verständnis

Fehlen Kooperation und Verständnis, werden Eltern und Kinder immer in Streit und Zank verwickelt sein. Das gleiche gilt für Streitereien zwischen Paaren. Oft folgt daraus Scheidung, und was zurückbleibt, sind Unfrieden und Unglück; die Ehe ist zerrüttet. Gemeinsames Wirken und Arbeiten ist unentbehrlich für eine in sich gesunde und intakte Familie; und ebenso gilt dies für den Körper und die Gesellschaft. Aber wie lässt sich solch eine Zusammenarbeit entwickeln bzw. herbeiführen? Durch Zwang und Gewalt? Wohl kaum – ganz im Gegenteil, es wäre unmöglich! Worin besteht also die Alternative? In auf Freiwilligkeit beruhender Tätigkeit, Selbstlosigkeit und Interesse an dem Wohlergehen und den Rechten anderer. Diese menschlichen Qualitäten müssen nicht unbedingt als heilig betrachtet werden; sie sind durchaus im Sinne des eigenen Interesses zu sehen, da gewissermaßen das eigene Überleben davon abhängt. Wenn uns andere Menschen wichtig sind und wir auf sie mit ehrlicher Aufgeschlossenheit zugehen, dann werden diese Menschen umgekehrt uns auf gleiche Weise begegnen.

Versuchen wir also, in unserem Leben diese mitfühlende Grundhaltung zu entwickeln. Versuchen wir, ihr Raum zu geben, damit sich innerer Friede und innere Ruhe entfalten können. Ein innerlich ruhiger und ausgeglichener Geist lässt sich durch die auf ihn eindringenden Probleme nicht aus der Fassung bringen. Uneinigkeit und Kontroversen beunruhigen ihn nicht. Er lässt sich von ihnen nicht zu großen Konflikten provozieren. Solange aber unser Geist nicht von dieser inneren Ruhe durchdrungen ist, kann sich auch die leichteste Meinungsverschiedenheit zu einem tief gehenden Krach ausweiten. Bevor wir also vom Weltfrieden reden, müssen wir uns zunächst über die innere Welt der Individuen Gedanken machen. Hier gilt es, einen inneren Frieden zu schaffen – und wenn dies der Fall ist, dann kann dieser innere Frieden nach außen strahlen: in die eigene Familie, in die eigene Gemeinschaft, in die Politik. Dies ist der eigentliche Weg zu einer dauerhaft friedlichen Weltordnung.

Liebe entwickeln und entfalten

Es ist einfacher, mit Freunden den Anfang zu machen. Darum lassen Sie uns hier damit beginnen, die Veränderung der im Herzen gefühlten Perspektive wahrzunehmen, wenn Sie jeweils einen Ihrer Freunde betrachten:

1. Mit Ihrer besten Freundin oder Ihrem besten Freund beginnend, denken Sie:

Dieser Mensch möchte Glück, ist dessen jedoch beraubt, leidet Not und steht alleine da. Wie schön wäre es doch, wenn sie oder er vom Glück und all seinen Ursachen erfüllt wäre.

Meditieren Sie dies für längere Zeit, bis Sie ein Gefühl entwickeln, Ihre beste Freundin so zu schätzen und zu lieben, wie eine Mutter ihr Kind liebt und schätzt. Obwohl es einfach ist, diese Übung gegenüber Freunden durchzuführen, lassen Sie sich genügend Zeit damit, und beobachten Sie Ihre Gefühle. Denn diese werden später als Vorlage dienen, die Sie dann auf andere ausweiten können.

2. Führen Sie diese Meditation im Hinblick auf mehr und mehr Freunde durch, bis dieser Wunsch, dass sie alle Glück und die Ursachen des Glücks haben mögen, für sie alle gleich stark ist. Einzeln für jede Freundin und jeden Freund:

Dieser Mensch möchte Glück, ist dessen jedoch beraubt, leidet Not und steht alleine da. Wie schön wäre es doch, wenn sie oder er vom Glück und all seinen Ursachen erfüllt wäre.

Wenn Ihre Gefühle jetzt nicht so stark sind, wie sie es bei Ihrem besten Freund waren, beleben Sie die Wirkung der vorangegangenen Schritte. Denken Sie über die Gleichartigkeit Ihrer Freunde nach, da sie sich alle nach Glück sehnen und Leiden vermeiden wollen. Reflektieren Sie darüber, dass sie alle im Verlauf des Daseinskreislaufes schon einmal Ihr bester Freund und somit in gleichem Maße Ihnen gegenüber gütig und freundlich gewesen sind. Daher verdienen sie alle in gleicher Weise eine Erwiderung dieser ihrer Güte und Freundlichkeit.

3. Stellen Sie sich vor Ihnen im Raum einen neutralen Menschen vor. Bedenken Sie, und spüren Sie dem wirklich nach:

Dieser Mensch möchte Glück, ist dessen jedoch beraubt, leidet Not und steht alleine da. Wie schön wäre es doch, wenn sie oder er vom Glück und all seinen Ursachen erfüllt wäre.

Stellen Sie sicher, dass Ihre Meditation nicht nur zu einer monotonen Wiederholung von Worten verflacht. Das Ziel der Worte ist eine grundlegende Umwandlung.

4. Führen Sie die gleiche Meditation im Hinblick auf mehr und mehr neutrale Menschen durch, bis dieser Wunsch nach Glück und nach all seinen Ursachen für Freunde und neutrale Menschen gleich stark ist.

5. Stellen Sie sich vor Ihnen im Raum Ihren geringsten Feind vor und führen Sie folgende Betrachtung durch:

Dieser Mensch möchte Glück, ist dessen jedoch beraubt, leidet Not und steht alleine da. Wie schön wäre es doch, wenn sie oder er vom Glück und all seinen Ursachen erfüllt wäre.

Führen Sie diese Betrachtung so lange aus, bis Sie tatsächlich den gleichen innigen Wunsch nach Glück und all seinen Ursachen für diesen Menschen verspüren, der Ihnen oder Ihren Freunden Schaden zugefügt hat, bis dieser Wunsch also genauso stark ist wie für Freunde und neutrale Menschen.

6. Setzen Sie die gleiche Übung mit einem anderen Feind fort, zum Beispiel jemandem, der oder die Sie auf der Arbeit oder in der Öffentlichkeit belästigt hat. Nehmen Sie mit jedem neuen Erfolg mehr und mehr Feinde in Ihre Übung auf und weiten Sie so den Umfang Ihrer Liebe schrittweise aus.

Es lässt sich nicht bestreiten, dass es schwierig ist, solch vorurteilsfreie Liebe zu entwickeln. Doch wenn Sie auf diese Weise mit großer Entschlossenheit praktizieren, dann wird sich Ihre Haltung Tag um Tag, Woche um Woche, Monat um Monat verwandeln.

Den Tag gut beenden

Hoffnung macht stark

Wenn wir uns in der Welt und im Leben umsehen, stellen wir fest, dass wir Menschen uns im Grunde unserer Existenz gleichen. Wir alle wünschen uns ein glückliches und erfülltes Leben. Diese Sehnsucht eint uns, unabhängig von unserer Herkunft, unserer Hautfarbe, unserem Geschlecht. Entsprechend ist es meine Überzeugung, dass das Streben nach Glück der eigentliche Sinn unseres Leben ist: dasjenige, was unserem Leben Sinn gibt. Gewiss gibt es keine Garantie für eine glückliche Zukunft. Wohl aber gibt es die Hoffnung auf Glück. In ihr leben wir tagein tagaus. Hoffnung ist etwas Gutes. Hoffnung gibt unserem Leben Stärke. Ohne Hoffnung würde unser Leben seinen Bezug auf den Sinn verlieren. Wenn wir unsere Hoffnung aufgeben, wird unser Leben leer und flach – wird aber unser Leben leer und flach, verkürzen wir es auch. Deswegen ist die Hoffnung auf Glück, das Streben nach Glück, einer der wichtigsten Faktoren in unserem Leben. Wie macht sich diese Hoffnung in unserem Leben bemerkbar? Nach meiner Erfahrung artikuliert sie sich in einer inneren Stärke, in einer optimistischen Grundeinstellung, im Grundvertrauen in sich und die Welt. Wo wir diese Eigenschaften ausprägen, sind wir dem glücklichen und sinnvollen Leben schon ein großes Stück näher gekommen.

Zufriedenheit macht reich

Zufriedenheit ist der Schlüssel. Wenn Sie Zufriedenheit in Bezug auf materielle Dinge haben, dann sind Sie wirklich reich. Ohne Zufriedenheit werden Sie noch nicht einmal als Milliardär glücklich sein können und werden sich immer hungrig fühlen und mehr und mehr und mehr haben wollen. Das macht Sie nicht reich, sondern arm. Wenn Sie Zufriedenheit in äußeren Dingen suchen, werden Sie diese nie finden, und Ihr Verlangen wird nie gestillt werden können. Unsere tibetischen Texte erzählen von einem König, der die ganze Welt beherrschte und der dann daran dachte, auch die Götterwelten zu erobern. Am Ende wurden seine guten Eigenschaften vom Stolz zugrunde gerichtet.

Hochgeschwindigkeit

Es mag sein, dass man in Klöstern der westlichen Welt Ruhe und innere Konzentration findet, aber außerhalb – besonders in den Städten – scheint das Leben mit höchster Geschwindigkeit abzulaufen, wie eine Uhr ohne einen Moment der Ruhe! Wenn man das städtische Leben so betrachtet, drängt sich der Eindruck auf, als ob jede Einzelheit im Leben eines Menschen so präzise ausgerichtet und aufgebaut sein muss, dass sie wie eine Schraube ganz exakt in ein Loch passt. In gewissem Sinne hat der Einzelne keine Kontrolle über das eigene Leben; um zu überleben, muss man sich anpassen und das vorgegebene Tempo einhalten.

Keine Aufregung

Um ruhiges Verweilen zu erreichen, brauchen Sie hinsichtlich des Gegenstandes der Meditation sowohl Stabilität als auch Klarheit. Daher sind Aufgeregtheit und Schlaffheit die größten Hindernisse für eine anhaltende Meditation. Aufgeregtheit verhindert Stabilität. Wenn der Geist nicht auf dem Gegenstand verweilt, sondern abgelenkt oder zerstreut wird, ist der Gegenstand der Meditation verloren. Es gibt auch eine subtile Form der Aufgeregtheit, wenn zwar das Objekt der Meditation nicht verloren gegangen ist, aber ein Teil des Geistes an etwas anderes denkt. Es ist nötig, Aufgeregtheit zu erkennen und mithilfe der Wachsamkeit zu verhindern, dass Ihr Geist unter ihren Einfluss gerät.

Dumpfheit ist eine Schwere des Geistes und des Körpers und stellt ein Hindernis für die Klarheit dar. Dumpfheit verursacht auch Schlaffheit, die ebenfalls Klarheit verhindert. Grobe Schlaffheit lässt den Geist absinken; der Gegenstand der Meditation verblasst, verschwindet und geht verloren. In subtiler Schlaffheit geht der Gegenstand nicht verloren, aber die Klarheit des Gegenstandes und des Geistes nehmen ein wenig ab, da sich die Intensität des Geistes abgeschwächt hat; der Geist ist ein wenig zu locker. Der Geist mag ziemlich klar auf dem Gegenstand der Meditation verweilen, aber ohne echte Wachheit; dieser Zustand wird oft fälschlicherweise für korrekte Meditation gehalten.

Wenn Ihr Geist zu konzentriert und angespannt ist und Sie Aufgeregtheit erfahren, müssen Sie den Geist etwas lockern, so wie man die Saiten einer Gitarre etwas lockert. Entsprechend ist Ihr Geist nicht konzentriert und gespannt genug, wenn Sie der Schlaffheit unterliegen, und so müssen Sie seine Intensität etwas erhöhen, indem Sie ihn ein wenig straffen, so wie wenn man die Saiten einer Gitarre etwas spannt. Wie Sie sehen, muss der Geist wie ein gutes Saiteninstrument gestimmt werden.

Nicht auf Rezept

Geistiger Frieden kann von keinem Arzt injiziert werden; kein Markt kann geistigen Frieden oder Glück verkaufen. Mit Millionen und Abermillionen Geldes können Sie alles kaufen, aber wenn Sie in einen Supermarkt gehen und sagen „Ich will geistigen Frieden", dann werden die Leute lachen. Und wenn Sie einen Arzt bitten „Ich will wahren geistigen Frieden, keinen dumpfen", werden Sie vielleicht eine Schlaftablette bekommen oder irgendeine Spritze. Auch wenn Sie vielleicht ein wenig Ruhe finden, die Ruhe ist nicht so, wie sie sein sollte, oder? Wenn Sie also echten geistigen Frieden oder innere Ruhe haben wollen, so kann der Arzt sie Ihnen nicht geben. Auch eine Maschine, zum Beispiel ein Computer, wie komplex er auch sein mag, er kann Ihnen keinen geistigen Frieden geben.

Meine Schlaftablette

Wenn man im Halbschlaf oder wenn man zu träumen beginnt, das Bewusstsein und die Konzentration auf die Kehle lenkt, intensivieren sich die Träume und drängen sich verstärkt in den Schlaf. Lenkt man seine Gedanken jedoch auf das Herz, wird der Schlaf tiefer und fester. Dies ist meine ganz subjektive Schlaftablette.

Kommen und Gehen

Man sollte sich wirklich bemühen zu begreifen, dass alle Gegebenheiten und Lebensumstände, so unangenehm und widrig sie sein mögen, vergänglich sind. Wie die gekräuselten Ringe auf der Wasseroberfläche kommen und gehen sie bald. So wie unser Leben durch *karma,* das Gesetz von Ursache und Wirkung, bestimmt ist, so ist es durch endlose Zyklen von Problemen geprägt. Ein Problem tritt auf und verschwindet oder wird gelöst, und ein anderes Problem entsteht.

Die Grundierung

Wie das Glätten einer Wand, bevor man ein Fresko malt, oder wie das Vorbereiten eines Ackerbodens für die Aussaat bereitet die Entwicklung eines echten Gleichmutes den Grund für den ersten Schritt auf dem Weg zur Liebe, welcher ist, alle Lebewesen als die beste Freundin oder den besten Freund zu erkennen. Nun wird die Entwicklung von Gleichmut als Fundament für die Liebe dienen.

Innerlich gefestigt

Ohne innere geistig-seelische Gefestigtheit oder die richtige seelische Haltung kann man nicht glücklich und ausgeglichen sein oder in Frieden leben, selbst wenn man von den besten Freunden umgeben ist und die allerbesten materiellen Voraussetzungen gegeben sind.

Die höchste Ruhe

Ich habe für mich herausgefunden, dass die höchste innere Ruhe sich aus der Entwicklung von Liebe und Mitgefühl ergibt. Je mehr wir uns um das Glück anderer sorgen und kümmern, umso größer wird unser eigenes Wohlbefinden. Ein warmes Gefühl der Nähe zu anderen versetzt Geist und Seele in Ruhe und Ausgeglichenheit. Dies ist die entscheidende Quelle für ein erfolgreiches Leben.

Tagesbilanz

So wie wir vielleicht am Ende eines Tages auf die Schnelle überschlagen oder ausrechnen, wie erfolgreich sich unser Geschäft entwickelt hat, indem wir Zahlen zusammenzählen oder den erwirtschafteten Gewinn taxieren, sollten wir auch überprüfen, welche Art von Leben wir während des verstrichenen Tages geführt haben – ob es gut oder weniger gut war.

Mit ruhigem Gewissen

Ein Mensch, der über ein großes Maß an Geduld und Toleranz verfügt, bringt dadurch ein gewisses Maß von Ausgeglichenheit und Ruhe in sein Leben. Solch ein Mensch ist nicht nur glücklicher und emotional gefestigter, sondern scheint auch körperlicher gesünder zu sein und weniger Krankheiten zu bekommen. Er oder sie verfügt über einen starken Willen, einen gesunden Appetit und kann mit ruhigem Gewissen schlafen.

Quellen

Zitierte Werke:

Dalai Lama / Howard C. Cutler, Die Regeln des Glücks, © 1999 Verlagsgruppe Lübbe GmbH & Co. KG, Bergisch Gladbach (= Regeln)

Dalai Lama, Der Friede beginnt in dir. © Scherz Verlag, Bern 1994. Alle Rechte vorbehalten. S. Fischer Verlag GmbH, Frankfurt am Main (= Friede)

Dalai Lama, Der Weg zum Glück. Sinn im Leben finden, hg. von Jeffrey Hopkins, Verlag Herder, Freiburg i. Br. 2002 (= Glück)

Dalai Lama, Der Weg zum sinnvollen Leben. Das Buch vom Leben und Sterben, hg. von Jeffrey Hopkins, Verlag Herder, Freiburg i. Br. 2003 (= Leben)

Dalai Lama, Die Liebe. Quelle des Glücks, hg. von Jeffrey Hopkins, Verlag Herder, Freiburg i. Br. 2005 (= Liebe)

Dalai Lama / Howard C. Cutler, Glücksregeln für den Alltag. Happiness at Work, Verlag Herder, Freiburg i. Br. 2004 (= Glücksregeln)

Dalai Lama, Kleines Buch der Weisheit, hg. von Matthew E. Bunson, Verlag Herder, Freiburg i. Br. 2003 (= Weisheit)

Dalai Lama, Tag für Tag zur Mitte finden. Lesebuch durch das Jahr, hg. von Renuka Singh, Verlag Herder, Freiburg i. Br. 2002 (= Tag)

Dalai Lama, Wie man besser leben kann. Der Pfad des Glücks, hg. von Renuka Singh, Verlag Herder, Freiburg i. Br. 2001, 2005 (= Pfad)

Dalai Lama, „Sieh an, er ist wie du“. Friede erwächst aus Liebe und Mitgefühl, in: Eine Mystik, viele Stimmen, hg. von Christoph Quarch und Gabriele Hartlieb, Verlag Herder, Freiburg i. Br. 2004 (= Sieh)

Öffne dein Herz

Unruheherde: Sieh 28; Die innere Tür: Sieh 28; Leg die schweren Kleider ab: Glück, 64f; Grenzenloser Verdienst; Glück 67; Kleine Erfahrungen, große Wirkung: Liebe 82; Alte Mechanismen: Pfad 91f; Der Irrtum: Liebe 71; Mitfühlender Fortschritt: Liebe 71; Nicht mehr so wichtig: Liebe 110f; Dankbarkeit: Liebe 64f; Der Schlüssel: Sieh 28f; Den Kreis der Liebe weiten: Liebe 49; Die Umstände: Pfad 32f; Innere Kraft: Pfad 36f; Hirn und Herz: Tag 71; Quellen unseres Glücks: Liebe 13; Klug und weise: Liebe 15

Im Fluss des Lebens

Zeitenwechsel: Tag 104; Lebensgeister: Glück 34f; Einstellungssache: Sieh 26; Ausnahmslos: Liebe 111; So ist die Natur: Pfad 15f; Geben und Nehmen: Regeln 208f; Erholung: Tag 193; Durch die innere Tür: Regeln 49; Kreislauf des Daseins: Leben 73f; Verlust-Erfahrungen: Regeln 151f; Das Leben als Ganzes: Regeln 147; Über die Vergänglichkeit: Leben 75f; Angenehmes und Unangenehmes: Sieh 26; Altern akzeptieren: Leben 33; Geist und Körper: Sieh 26; Wie eine sanfte Brise: Regeln 156f; Ein hilfreicher Blick: Leben 34; Im Fluss der Zeit: Tag 105;

Nur ein Moment: Pfad, 41; Keine Zeit: Pfad 41f; Kein Bedauern: Pfad 89f; Nutze die Zeit. Regeln 72f

Lerne dich selber verstehen

Mehr Gewahrsein: Glücksregeln 136f; Selbstvertrauen: Glücksregeln 138f; Ehrlich zu sich selber: Tag 198; Realistische Erwartungen: Glücksregeln 134f; Ein Fingerzeig: Tag 40; Das rechte Maß: Regeln 199f; Auf die Motivation kommt es an: Regeln 272f; Unser Potenzial: Glücksregeln 136; Die innere Einstellung: Weisheit 37; Sich kümmern: Pfad 76; Nichts geht über meine Kräfte: Friede 125f; Die Macht der Geduld: Friede 90

Gib deinen Wünschen eine Richtung

Kein Grund zum Unglücklichsein: Tag 39; Alles relativ: Glücksregeln 32f; Unser Verlangen: Regeln 35f; Weder gut noch schlecht: Liebe 107f; Übersteigerungen: Regeln 36f; Jeder ist verantwortlich: Liebe 16; Absurde Ziele: Friede 106; Aller Reichtum: Liebe 104; Der neue Fernseher: Glück 34; Geh deinen Weg: Pfad 93f; Ein Stück Papier: Glücksregeln 59f; Nicht vergessen!: Glücksregeln 34; Der Kunga-Dhondup-Glaube: Glücksregeln 62f; Geldknechte: Glücksregeln 65; Grenzenlos: Liebe 99f; Eine Übung: Weg 148; Nicht zu kaufen: Pfad 36

Höre auf, dich zu sorgen

Einatmen und Ausatmen: Tag 173; Ganz natürlich: Sieh 27f; Gelassenheit: Tag 135; Perspektivenwechsel: Sieh 27; Nur Mut: Tag 131; Neue Hoffnung: Tag 138; Ein Experiment: Sieh 26f; Hoffnung siegt: Glück 38; Wolkenverschiebung: Liebe 32

Beende den Ärger und finde den Frieden

Gefangene: Liebe 111; Alles Gute: Friede 88; Niemand ist ein Eintopf: Glück 96; Positive Aspekte wahrnehmen: Pfad 26; Das Mittel gegen Ärger: Liebe 13; Zwei verschiedene Dinge: Regeln 261; Es ist, wie es ist: Friede 87f; Glück entsteht aus Freundlichkeit: Weisheit 48f; Zur richtigen Haltung finden: Glück 18f; Dem Ärger begegnen: Friede 92f; Ein Windhauch: Tag 210; Warum sich ärgern? Friede 102; Wirkung durch Schweigen: Tag 19; Sich über Lob freuen: Friede 106f; Ins Loben einstimmen: Friede 104; Aufeinander angewiesen: Glücksregeln 51; Geduld und Toleranz: Regeln 259f; Kluger Egoismus: Liebe 116; Einfach den Menschen sehen: Glücksregeln 52f; Den Ärger verringern: Glück 149; Ein Mittel gegen Enttäuschung: Regeln 164f; Zusammenarbeit und Verständnis: Pfad 17; Inneren Frieden schaffen: Sieh 61f; Liebe entwickeln und entfalten: Liebe 119ff

Den Tag gut beenden

Hoffnung macht stark: Sieh 25; Zufriedenheit macht reich: Liebe 108; Hochgeschwindigkeit: Tag 144; Keine Aufregung: Glück 90f; Nicht auf Rezept: Weisheit 44; Meine Schlaftablette: Tag 20; Kommen und Gehen: Tag 165; Die Grundierung: Liebe 46; Innerlich gefestigt: Pfad 12; Die höchste Ruhe: Tag 63; Tagesbilanz: Tag 137; Mit ruhigem Gewissen: Tag 204

15 Jahre HERDER spektrum

Anselm Grün

Mit Anselm Grün zur inneren Balance finden

Band 5701

Was ist wichtig im Leben? Und: Kann man es lernen, einüben? Darum geht es in dieser kleinen Lebensschule. Mit bisher unveröffentlichten Texten.

Mit Senta Berger ins weite Land der Kindheit

Hrsg. von Senta Berger

Band 5702

Senta Berger hat eine Auswahl ihrer liebsten Texte zusammengestellt, die die hellen und dunklen Seiten der Kindheit erforschen. Mal überraschend, mal vertraut anmutend, laden sie ein zur Reise in ein Land, das jeder kennt und das dennoch oft weit entfernt ist.

Joel ben Izzy

Mit Joel ben Izzy im Zaubergarten des Erzählens

Band 5703

Was wirklich wichtig ist, wird in Geschichten erzählt. Sie können das Leben von jedem von uns verändern. Wie das geht? Davon gerade handeln Joel ben Izzys Geschichten. Klug, warmherzig und verzaubernd: Pures Leseglück!

Verena Kast

Mit Verena Kast die Lebensfreude einladen

Band 5707

Lebensfreude: jeder Mensch hat sie – doch ist sie oftmals gut versteckt. Verena Kast lädt dazu ein, sie wieder zu entdecken. Denn Lebensfreude ist eine wichtige Ressource, die auch durch schwierigere Zeiten trägt.

Janusz Korczak

Mit Janusz Korczak die Kinderwelt verstehen

Band 5708

Kinder sind das wichtigste, was uns anvertraut ist. Sie zu lieben, ist ihr – und unser Glück. Die schönsten Texte des großen Kinderfreundes. Vorgestellt von Maria Furtwängler.

Robert Lax

Mit Robert Lax die Träume fangen

Hrsg. von Steve Theodore Georgiou
Band 5705

Robert Lax konzentriert sich auf das Einfache – und auf das Wesentliche. Er erzählt von der Zärtlichkeit, mit der das Leben dem begegnet, der sich ihm anvertraut. Einer, der den Träumen auf der Spur ist – und ermutigt, sie zu verwirklichen.

Rainer Maria Rilke

Mit Rilke ins Herz der Liebe schauen

Hrsg. von Ulla Bohn
Band 5704

Rilke über das größte der Gefühle, ein Erfahrener in Sachen Liebe, der Worte für sie gefunden hat, die unmittelbar anrühren – bis heute. Eine populäre Auswahl von Gedichten, Briefen, Prosa.

Immanuel Kant

Mit Kant am Ast der Dummheit sägen

Hrsg. von Hans-Joachim Neubauer
Band 5709

„Es ist so bequem, unmündig zu sein" – Kant war nah am Leben. In diesem Band erscheint er neu: als verlässlicher Weggefährte durch die Fährnisse eines unvernünftigen Alltags, als Ratgeber bei Fragen der Moral, des Anstands und des Urteilens, als Menschenkenner ohne Scheuklappen.

Friedrich Nietzsche

Mit Nietzsche die Langsamkeit entdecken

Hrsg. von Hans-Joachim Neubauer
Band 5710

Wer zu schnell ist, läuft seinem Glück davon, sagt Nietzsche. Ruhe, Geduld, Rhythmus, Liebe, Maß und Kreativität – Glück braucht Muße. Und Lebenskunst braucht Zeit.